王　波　著

企业社会责任履行的影响因素实证研究

——基于外部压力和高管成长经历的视角

Empirical Study on the Influencing Factors of Corporate Social Responsibility Performance

-Based on External Pressure and Executive Growth Experience

中国财经出版传媒集团
经济科学出版社
Economic Science Press

图书在版编目（CIP）数据

企业社会责任履行的影响因素实证研究：基于外部
压力和高管成长经历的视角/王波著 . —北京：经济
科学出版社，2018.9

ISBN 978 - 7 - 5141 - 9776 - 1

Ⅰ . ①企… Ⅱ . ①王… Ⅲ . ①企业责任 - 社会责任 -
研究 - 中国 Ⅳ . ①F279.2

中国版本图书馆 CIP 数据核字（2018）第 221112 号

责任编辑：王 娟
责任校对：刘 昕
责任印制：邱 天

企业社会责任履行的影响因素实证研究

——基于外部压力和高管成长经历的视角

王 波 著

经济科学出版社出版、发行 新华书店经销

社址：北京市海淀区阜成路甲 28 号 邮编：100142

总编部电话：010 - 88191217 发行部电话：010 - 88191522

网址：www. esp. com. cn

电子邮件：esp@ esp. com. cn

天猫网店：经济科学出版社旗舰店

网址：http://jjkxcbs. tmall. com

北京财经印刷厂印装

710×1000 16 开 12. 25 印张 200000 字

2018 年 10 月第 1 版 2018 年 10 月第 1 次印刷

ISBN 978 - 7 - 5141 - 9776 - 1 定价：39. 00 元

（图书出现印装问题，本社负责调换。电话：010 - 88191510）

（版权所有 侵权必究 打击盗版 举报热线：010 - 88191661

QQ：2242791300 营销中心电话：010 - 88191537

电子邮箱：dbts@ esp. com. cn）

前　言

近年来，伴随着我国经济快速发展而出现的各种环境污染、"山寨"食品以及消费歧视等企业社会责任问题频发，给社会造成了一些恶劣的影响，也给我国经济的可持续运行带来了挑战。"供给侧结构改革"和"精准扶贫"等政策对我国企业的社会责任担当和企业家精神提出了更高的要求，企业除了通过合法生产与经营创造利润以外，还应当在社会主义核心价值观的倡导下积极履行社会责任。从当前我国企业社会责任履行过程中存在的问题来看，仍然存在缺乏社会责任意识和社会责任战略、社会责任决策过程过于"随性"以及对企业社会责任执行的监督不力等问题，因此，结合当前我国经济发展实际，进一步分析企业社会责任履行的动因，探讨企业社会责任履行的影响因素并提出提升策略，就显得很有理论价值和现实意义。

大量的理论和实证研究表明，企业外部环境和内部治理都会对企业社会责任履行产生影响。在已有研究中，相关学者围绕政策需要、法律环境与市场化进程等制度压力视角分析对企业社会责任履行的影响，但是这种"制度压力"存在一定的局限性，受制于制度压力产生的企业社会责任活动仍然存在只是"形式上"履行的可能。随着现代通信技术的迅猛发展，尤其是微博、微信等媒体技术带来的网民数量急剧上升，媒体在传播信息、舆论监督方面的作用愈加明显，媒体对企业社会责任缺失的相关报道能够给企业带来声誉压力，从而迫使企业主动承认错误行为，积极履行社会责任。也有学者围绕董事会特征、公司业绩和公司价值等公司内部治理视角分析对企业社会责任履行的影响，但是这些研究也存在理论上的缺陷，基于"经济人"假设形成的"利己性"企业社会责任活动仍然属于"非自愿性"的企业社会责任活动。现实案例与理论研究表明，处于企业核心领导地位的高管，个人成长过程中的早期贫困经历和后期个人影响力能够对企业决策产生影响，相比较受制于自身经济发展需要和制度压力需要，高管亲身经历体验所形成的企业社会责任活动才算是真正意义上的"利他性"行动，高管个人成长经历形成的价值观和情感认知对企业社会责任履行也具有重要影响。

基于此，本书以2012～2015年我国A股上市公司为研究对象，实证分析来自企业外部压力的媒体报道以及来自企业高管个人成长经历的早期贫困经历和后期个人影响力对企业社会责任履行的影响。在研究过程中，本书首先分析了企业履行社会责任的"利己性"和"利他性"动因。在"利己性"动因方面，本书从声誉机制和行政介入机制分析了媒体报道对企业社会责任履行的影响，企业履行社会责任存在声誉维护和满足政府期望的"利己性"需要；在"利他性"动因方面，本书基于企业高管的成长经历，从价值观和道德情感认知视角分析了高管早期贫困经历对企业社会责任履行的影响，从博弈理论和激励理论视角分析了高管后期影响力对企业社会责任履行的影响，企业履行社会责任存在真实情感体验和实现更高人生价值的"利他性"需要。其次，实证检验了作为"利己性"因素的媒体报道以及"利他性"因素的高管早期贫困经历和后期影响力对企业社会责任履行的影响，并从媒体报道和高管影响力交互作用、高管影响力和早期贫困经历交互作用两个视角分别进行实证检验，分析"利己性"动因和"利他性"动因之间的关系。实证过程中，为了保证研究结果的有效性和稳健性，本书又将企业慈善捐助作为企业社会责任的替代指标，并通过改变媒体报道、高管早期贫困经历和高管影响力的度量方式分别对研究结论进行稳健性检验。最后，本书从政府管理、企业决策和高管个人成长三个层面提出了提升我国企业社会责任履行水平的对策建议。

本书的主要研究结论如下。

（1）企业履行社会责任存在"利己性"动因。企业履行社会责任的外部压力除了制度压力以外，还要维护个人形象需要的声誉压力和行政介入压力，媒体对企业社会责任缺失行为的报道能够使高管在经理人市场的声誉受损，影响高管的个人成长与发展，来自外部监督力量的媒体报道有助于企业纠正错误行为，做出有利于社会责任履行的决策。

（2）企业履行社会责任存在"利他性"动因。除了经济发展、制度约束和外部压力以外，高管亲身体验所形成的企业社会责任活动才是真正意义上的"利他性"行动，高管早期贫困经历形成的价值观以及源自贫困经历的道德和情感认知对企业履行社会责任也有重要影响。

（3）基于委托—代理理论和"经济人"假设探讨高管的企业决策行为存在局限性。激励理论和"社会人"假设认为，当高管达到了一定的职业高度，满足了物质需求和尊重需要以后，往往会有更高层次的需求来实现人生价值。因此，影响企业高管履行社会责任积极性的因素除了经济利益以外，还有实现更高的人生价值的需要。

（4）媒体报道对企业社会责任履行产生显著的正向影响，媒体关注度越高，企业社会责任履行越好；媒体的监督作用受市场化进程的影响，市场化进程越高的地区，媒体的监督作用越容易发挥，媒体关注度越高，对企业履行社会责任的督促作用越强。

（5）高管早期贫困经历与企业社会责任履行存在显著的正相关关系，有贫困经历的高管，其所在企业社会责任履行水平较高；当将上市公司的类型分为国有和非国有区分以后发现，高管早期贫困经历对非国有企业履行社会责任的影响作用更强。进一步研究发现：高管早期的富裕环境经历并没有显著提高企业社会责任履行水平。

（6）高管影响力与企业社会责任履行存在显著的正相关关系，高管影响力越大，所在企业社会责任履行水平越高；相比较非国有类型的上市公司，高管影响力对国有企业社会责任履行的促进作用更大。进一步研究发现：企业积极履行社会责任，同样可以提升高管的个人影响力。

（7）媒体报道和高管影响力对企业社会责任的影响存在互补效应，高管影响力越高，媒体的监督作用越容易发挥，媒体报道对企业社会责任履行的促进作用越强。

（8）高管早期的贫困经历有助于强化高管影响力对企业社会责任履

3

行的影响关系，高管影响力越大，贫困经历的这种强化作用越强。进一步研究还发现：高管早期所处的贫困环境、三年困难时期经历和特殊贫困经历在强化高管影响力对企业社会责任履行的影响方面存在差异。

通过本书的研究，可使读者对企业履行社会责任的动因有更深一层的认识，有助于进一步掌握企业社会责任履行的影响因素，进一步提升我国企业社会责任履行水平，为政府管理、企业决策和促进高管个人成长提供经验证据。

目 录 CONTENTS

第1章 绪论 ································· 1

  1.1 研究背景与意义 ························· 1

  1.2 研究目标与研究内容 ····················· 6

  1.3 研究方法与技术路线 ····················· 9

  1.4 创新点 ······························ 11

第2章 文献综述 ························· 13

  2.1 企业社会责任文献综述 ··················· 13

  2.2 媒体报道与公司治理文献综述 ·············· 25

  2.3 贫困经历文献综述 ····················· 36

  2.4 高管影响力文献综述 ···················· 40

第3章 媒体报道、高管成长经历对企业社会责任履行的
**   影响机理分析** ··················· 46

  3.1 企业社会责任履行的动因分析 ·············· 46

  3.2 媒体报道对企业社会责任的影响机理 ········· 48

  3.3 贫困经历对企业社会责任履行的影响机理 ······ 50

  3.4 高管影响力对企业社会责任履行的影响机理 ······ 52

第4章 媒体报道与企业社会责任履行实证研究 ······· 59

  4.1 理论分析与研究假设 ···················· 60

4.2　样本选择和研究设计 ……………………………… 63

4.3　实证检验及分析 …………………………………… 65

4.4　稳健性检验 ………………………………………… 69

4.5　研究结论 …………………………………………… 72

第5章　贫困经历与企业社会责任履行实证研究 ………… 74

5.1　理论分析与研究假设 ……………………………… 76

5.2　样本选择和研究设计 ……………………………… 80

5.3　实证检验及分析 …………………………………… 84

5.4　进一步检验及分析 ………………………………… 89

5.5　稳健性检验 ………………………………………… 91

5.6　研究结论 …………………………………………… 93

第6章　高管影响力与企业社会责任履行实证研究 ……… 95

6.1　理论分析与研究假设 ……………………………… 97

6.2　样本选择和研究设计 ……………………………… 98

6.3　实证检验及分析 …………………………………… 102

6.4　稳健性检验 ………………………………………… 108

6.5　进一步研究 ………………………………………… 111

6.6　研究结论 …………………………………………… 116

第7章　媒体报道和高管影响力的交互效应与企业社会
**　　　　责任实证研究** ……………………………………… 118

7.1　理论分析与研究假设 ……………………………… 120

7.2　样本选择和研究设计 ……………………………… 124

7.3　实证检验及分析 …………………………………… 127

7.4　稳健性检验 ………………………………………… 132

7.5　研究结论 …………………………………………… 134

第 8 章 高管影响力和早期贫困经历的交互效应与企业 社会责任实证研究 ·· 137

　8.1 理论分析与假设 ··· 138

　8.2 样本选择和研究设计 ····································· 140

　8.3 实证检验及分析 ··· 143

　8.4 稳健性检验 ·· 149

　8.5 研究结论 ··· 152

第 9 章 提升我国企业社会责任履行的对策及建议 ············· 154

　9.1 发挥政府引领作用，强化政策支持与组织管理 ··········· 154

　9.2 坚持社会责任战略，完善企业高管管理机制 ············· 158

　9.3 树立社会责任意识，以感恩的心回馈社会 ··············· 161

第 10 章 研究结论与未来展望 ································· 164

　10.1 研究结论 ··· 164

　10.2 研究不足与未来展望 ···································· 168

参考文献 ·· 170

后记 ·· 184

第1章

绪　　论

1.1　研究背景与意义

1.1.1　研究的背景

近年来，伴随着我国经济建设取得的巨大成就和经济飞速发展，我国企业社会责任问题也越来越突出。雾霾天气、食品安全以及消费歧视等一系列企业社会责任问题引起了社会广泛关注，也给中国经济可持续发展带来了严峻考验。2017 年 3 月，以"用责任汇聚诚信的力量"为主题的央视"3·15"晚会，曝光了多个行业社会责任缺失问题，随后，各地区政府部门迅速采取行动、加大整治力度与惩罚措施，面对着外部的压力，相关企业及时做出积极回应。我国政府高度重视企业社会责任工作，2016年 3 月，习近平总书记在参加政协十二届四次会议时强调，企业要有强烈的社会责任感，企业要守法经营，做创业创新、回报社会的典范；要义利兼顾、自觉履行社会责任；要把企业经营与国家富强、民族的振兴和人民幸福紧紧地联系在一起。2017 年 7 月，习近平同志在网络安全和信息化工作座谈会上强调："只有富有爱心的财富才是真正有意义的财富，只有积极承担社会责任的企业才是最有竞争力和生命力的企业"①。

---

① 曾慧宇、曾爱民：《企业应将履行社会责任提升到战略高度》，载《人民日报》2017 年 7 月 24 日。

我国经济已进入新常态发展阶段，在保持经济平稳健康发展的同时实现就业稳定、民生改善、文化繁荣和生态良好，离不开企业对社会责任的切实履行。随着国家"供给侧结构改革"及"精准扶贫"政策的不断深入开展与实施，我国企业的整体社会责任履行状况相较以前有了较大改善。但是，从近年来发布的《中国企业社会责任报告》数据来看，我国企业对社会责任履行的重视程度尚不均衡、企业缺乏社会责任履行的长期战略、不同企业社会责任履行水平参差不齐等问题。大部分企业仍然认为履行社会责任是国家的要求，会给企业带来额外的成本，因而并未真正树立社会责任意识，更谈不上将履行社会责任提升到战略高度。为了提高企业履行社会责任的积极性和主动性，需要从市场竞争和经济利益视角深入理解企业社会责任。因此，深入研究我国企业的社会责任履行动因，结合我国经济发展实际，进一步分析我国企业社会责任履行的影响因素并提出提升策略，就显得很有必要。

1.1.2　研究的意义

　　大量理论与实证研究表明，企业外部环境与内部治理因素都会对企业社会责任履行产生影响。在企业外部因素方面，学者们主要是围绕政治关联（李培功和沈艺峰，2010）、制度环境（彭钰和陈红强，2015；叶勇等，2013）、市场化进程（王波等，2017）等制度压力视角展开对企业社会责任履行的理论和实证研究。然而，制度压力视角存在一定的局限性，因为受制于"制度压力"产生的企业社会责任活动可能存在只是"形式上"履行的可能。在影响企业社会责任履行的企业内部治理因素研究方面，学者们主要围绕公司业绩（Kuhnen and Niessen，2009）、董事会决策（Enikolopov and Petrova，2011）、公司特征（Porter and Kramer，2006）和企业成长性（Jennifer et al.，2008）等几个因素论述了内部治理因素对企业履行社会责任的影响，但是也存在理论上的缺陷，基于"经济人"假设形成的企业社会责任履行仍然属于"非自愿性的"活动。现实案例和已有研究表明，除了企业外部环境和内部治理对企业社会责任履行具有重要作用以外，处于公司核心领导地位的高管，其个人成长过程的早期经历和后期影响力对企业履行社会责任也会产生重要影响。2015 年 12 月，恒大集团在董事局主席许家印先生的主导下，决定从 2016 年开始的三年时间里，投入 30 亿元资金用于帮助贵州省大方县包括 175 个贫困村实现"整县"脱贫，许家印先生作为中国最有影响力的企业家和慈善家之一，儿童时期"半个孤儿"的经历以及后来艰难的创业经历让他对社会责任的意义有更为深刻的认识①。

　　高管作为企业形象代言人，是企业中最有影响力的政策主导者与推动者（Graham，2015；Steven，2015）。从已有的研究文献来看，关于高管对企业社会责任履行的影响相关研究，主要集中于高管团队特征（Carpenter and Fredrickson，2001）、高管薪酬（Orlitzky et al.，2003；Deckop et al.，2006）和高管变更（Oh et al.，2014）等几个方面，较少有文献基于心理学和行为学视角研究高管个人成长经历对企业行为与决策产生的影响。作为高管成长经历的两个不同阶段，一方面，从高层梯队理论和心理学角度分析，高管早期经历能够影响高管的早期心理和价值观形成，尤其是贫困经历对高管早期思想冲击较大，经历过贫困思想冲击形成的价值观，能够对高管未来职业的道德情感和社会同情心的培养产生积极影响（Hahn and Gawronski，2015）；另一方面，处于职业巅峰时期的各种名誉与威望形成的高管影响力，代表了高管的个人形象和社会对高管的期望与认可，形成了企业核心竞争力的重要组成部分，对企业社会责任政策制定产生重要作用（Benson，1998；惠正一，2008）。因此，高管早年的贫困经历和后期的影响力能够影响高管的个性特质与价值观形成，进而影响企业政策与企业决策。

　　因此，在前期学者研究成果的基础上，结合我国转轨经济背景，本书以 2012～2015 年我国 A 股上市公司为研究对象，以高管的成长经历为研究视角，研究作为外部监督力量的媒体报道对企业高管履行社会责任的影响，分析早期贫困经历对高管社会责任决策产生的影响，探讨高管职业巅峰时期个人影响力对企业社会责任履行的影响机理，并实证检验媒体报道

---

　　① 邹晨莹：《恒大集团董事局主席许家印——脱贫攻坚，民营企业大有所为》，载《贵州日报》2016 年 10 月 18 日。

和高管影响力、高管影响力和早期贫困经历的交互作用对企业社会责任履行的影响，通过以上研究，以期得到有价值的结论。

（1）理论意义。

第一，补充高管与企业社会责任关系的相关研究文献。作为企业战略和政策主要制定者和执行者，高管对企业社会责任战略和执行的推动作用不可忽视。已有研究高管与企业社会责任关系的相关文献主要集中于高管的薪酬、政治关联和高管变更方面，本书则基于管理学和心理学相关理论研究高管的人生经历对企业社会责任履行的影响，这在已有的研究文献中还比较鲜见，本书的研究结论将有助于补充现有高管与企业社会责任相关理论。

第二，有助于进一步掌握企业社会责任履行的影响因素。关于企业社会责任履行的影响因素，已有研究主要是基于企业外部环境和公司内部治理研究企业社会责任履行行为。本书在已有研究的基础上，将进一步分析作为企业核心竞争力重要组成部分的高管成长经历对企业决策的影响，探讨对高管个性特征和价值观形成具有重要影响的早期贫困经历和个人影响力对企业社会责任履行的影响机理。因此，本书研究有助于进一步了解和掌握企业社会责任履行的影响因素。

第三，拓展了企业社会责任履行的动因研究。企业履行社会责任的动因既有"利己性"动因，又有"利他性"动因。一方面，企业履行社会责任的外部压力除了制度压力以外，还有维护个人形象需要的声誉压力，媒体对企业社会责任缺失行为的报道能够使高管在经理人市场的声誉受损，影响高管的个人成长与发展，来自外部监督力量的媒体报道有助于企业纠正错误行为，做出有利于社会责任履行的决策。另一方面，除了经济发展、制度约束和外部压力以外，高管亲身体验所形成的企业社会责任活动才是真正意义上的"利他性"行动，高管早期贫困经历形成的价值观以及源自贫困经历的道德和情感认知对企业履行社会责任也有重要影响。

第四，随着高管影响力的提升和来自外部的社会责任需求的增多，有贫困经历的高管，其发自内心的同情心和道德情感更容易被触动，更容易设身处地地为他人着想，企业履行社会责任的动因将由"利己性"向

"利他性"转变，由源自经济动因、外部压力或制度安排转向高管发自内心的同情心和道德情感认知。

第五，本书为今后开展类似的研究提供新的研究思路与方法借鉴。本书基于高管的成长经历，考虑高管早期贫困经历和后期影响力的影响因素，构建了高管早期贫困经历和影响力概念模型，并将高管影响力和贫困经历指标量化与细化，实证检验高管贫困经历和高管影响力对企业社会责任履行的影响机理，因此，本书对研究变量的度量方法可以为今后深入开展类似的研究提供新的借鉴方法。

（2）实践意义。

第一，在政府决策方面，本书将验证来自企业外部压力的媒体报道对企业社会责任履行的影响，同时验证高管作为企业政策的主要制定者和执行者对主导企业履行社会责任的重要作用。政府在今后制定企业社会责任相关政策的过程中，既要重视企业社会责任履行的舆论监督职能，重视企业外部监督力量的重要作用，更要注重企业"利他性"社会责任活动的关键作用，重视对企业履行社会责任的教育与激励，对企业履行社会责任给予相关政策扶持，尤其要重视作为企业核心管理者的高管重要作用，强化对企业高管的社会责任意识教育和监督，并有针对性地制定激励政策和措施。

第二，在企业管理方面，一方面，高管的企业决策行为受外部声誉压力和成长经历自身情感认知的影响，高管早期经历尤其是贫困经历对高管个性特征及价值观的影响更具有持久性，企业在决策过程中不能忽视高管个人经历对企业决策的重要影响。另一方面，企业应充分重视高管影响力对企业可持续发展的重要作用，高管的影响力越大，其社会资源越丰富，高管在企业管理博弈过程中作用越显著。

第三，在高管个人成长方面，本书研究的结论有助于高管个人行为的修正、树立正确的社会责任观。一方面，企业高管要通过不断学习与实践，深化对企业价值和企业社会责任价值的深刻认识；另一方面，作为企业高管，应当把自己的影响力作为一笔财富，以自己的影响力来作为宣传履行社会责任的好典型与好榜样；同时，高管也应该认识到，一个人的创业艰难、职业发展道路之艰辛，自己的成功离不开社会各方面资源、各种因素综合作用的结果，因此，企业高管应当将自己的成功与社会的积极影响紧密联系在一起，做到"喝水不忘挖井人"。

1.2 研究目标与研究内容

1.2.1 研究目标

本书以 2012~2015 年我国 A 股上市公司为研究对象，以高管的人生经历为研究视角，研究来自企业外部的声誉压力和高管成长经历形成的价值观及道德情感对企业社会责任决策的影响。在实证过程中，实证检验了作为声誉压力的媒体报道对企业社会责任的影响，分析了高管早期贫困经历对企业社会责任履行的影响，研究了处于职业巅峰时期的高管影响力与企业社会责任的关系，并探讨了媒体报道和高管影响力、高管影响力与贫困经历的交互作用对企业社会责任履行的具体影响，最后从政府政策、企业管理和高管个人成长三个层面提出对策建议。本书的具体研究目标有以下几个。

（1）明确概念界定与度量。界定高管的具体对象（董事长或 CEO），借鉴已有研究，并考虑高管影响力和早期贫困经历的影响因素，构建高管影响力和贫困经历概念模型，量化指标，以期补充和完善现有理论研究。

（2）实证检验媒体报道对企业社会责任履行的影响。通过本部分的研究，分析来自企业外部声誉压力的媒体报道对企业高管社会责任决策产生的影响，并进一步检验不同程度的市场化进程下媒体报道对企业社会责任的影响差异。

（3）实证检验高管成长经历形成的道德情感认知对企业社会责任履行的影响。通过本部分的研究，实证分析高管早期贫困经历对企业社会责任履行的影响，并进一步实证检验早期富裕环境经历对企业社会责任履行的影响。以期为加强企业扶贫意识教育与培养高管的社会同情心和道德情感，促进企业社会责任履行提供经验借鉴。

（4）实证检验高管成长经历过程形成的价值观对企业社会责任履行的影响。通过本部分的研究，分析高管影响力与企业社会责任履行的关系，探索高管影响力对高管价值观形成的影响路径。以期为提升高管影响力与企业社会责任水平提供理论指导和政策参考。

（5）实证检验媒体报道与高管影响力对企业社会责任履行的交互影响关系，探讨外部声誉压力和高管价值观对企业社会责任履行的影响机理。实证检验高管影响力与贫困经历对企业社会责任履行的交互影响关系，并进一步检验高管影响力与贫困经历分维度指标对企业社会责任履行交互影响，探讨不同的贫困经历对高管影响力促进企业社会责任履行的影响差异。通过本部分的研究，以期为深入掌握外部声誉压力、高管价值观和道德情感影响企业社会责任履行的内在机理提供依据。

1.2.2　研究内容

基于上述的研究目标，本书拟分七个章节对相关问题展开研究。

第 1 章，绪论。首先，基于我国企业社会责任履行的背景介绍本书研究的意义；其次，根据本书研究的总体目标提出本书研究的基本内容构成与章节安排；再次，明确本书研究的具体方法与研究技术路线，确保研究方案可行；最后，分析本书研究的创新点和可能存在的不足。

第 2 章，文献综述。首先，分析企业社会责任、媒体报道、高管影响力和贫困经历的具体内涵，对变量进行概念界定，以使本书研究对象更加明确和具有针对性；其次，对相关变量的内容构成、观点演进和测量方法的国内外研究现状进行梳理、归纳和总结；最后，对已有研究取得的主要成果和存在的不足进行述评，提出本书研究拟要解决的关键问题。

第 3 章，媒体报道、高管成长经历对企业社会责任履行的影响机理分析。首先，从企业内部和外部两个方面因素分析企业社会责任履行的动因；然后，基于博弈理论和激励理论分析高管成长经历形成的道德情感认知对企业社会责任履行的影响机理；最后，从声誉理论和价值观理论分析高管成长经历形成的价值观对企业社会责任履行的影响机理。

第4章，媒体报道与企业社会责任履行实证研究。首先，分析了媒体的公司治理作用及对企业社会责任决策的影响，并提出本章的研究假设；其次，确立媒体报道的概念指标，并量化指标；最后，进行样本数据搜集、变量定义、建立模型并实证检验。在对媒体报道的度量过程中，本书从中国知网《中国重要报纸全文数据库》中选择了最具有影响力的全国性财经日报包括《证券时报》《中国证券报》《上海证券报》《证券日报》《中国经营报》《经济观察报》《21世纪经济报道》及《第一财经日报》共计八份报纸上对上市公司的报道次数作为媒体关注的度量指标。

第5章，贫困经历与企业社会责任履行实证研究。首先，分析高管早年贫困经历形成的特质对企业决策和企业社会责任的影响，并提出本章的研究假设；其次，考虑高管早期贫困经历的影响因素，构建高管贫困经历概念模型，并量化指标；最后，进行样本数据搜集、变量定义、建立模型并实证检验。本书拟以高管经历的早期贫困环境、三年困难时期和特殊性贫困经历三个维度指标构成高管贫困经历的代理变量，研究贫困经历对企业社会责任履行的影响机理，分析不同维度的贫困经历对企业社会责任履行的影响差异；进一步研究早期的富裕生活环境经历是否显著提高企业社会责任履行水平。

第6章，高管影响力与企业社会责任履行实证研究。首先，分析高管影响力对企业社会责任履行的影响，并提出本章的研究假设；其次，考虑高管影响力影响因素，分维度构建高管影响力概念模型，并将各维度指标细化与量化；最后，进行样本数据搜集、变量定义、建立模型并实证检验。结合现有研究成果，本书拟以高管任期内的荣誉、行业影响力、企业影响力、政府关系四个维度指标构成高管影响力代理变量，研究高管影响力与企业社会责任之间的关系；同时考察不同的产权性质下高管影响力对企业社会责任履行的影响差异。在进一步研究中，实证分析企业履行社会责任是否显著提高高管的影响力。

第7章，媒体报道和高管影响力的交互效应与企业社会责任实证研究。本部分首先基于声誉理论和价值观理论探讨媒体报道与高管个人行为之间的关系，探讨企业外部的声誉压力与高管个人的价值观对高管企业社会责任决策的交互效应。作为企业外部治理机制的媒体报道和企业内部治理特征的高管影响力，二者之间对企业社会责任履行的影响可能存在互补效应或替代效应，本章认为，在我国特定的制度环境下，媒体报道和高管影响力对企业社会责任的履行存在互补效应。

第8章，高管影响力和早期贫困经历的交互效应与企业社会责任实证研究。本部分首先基于霍夫斯泰德价值观理论分析高管影响力和贫困经历的关系，然后实证检验高管影响力和贫困经历的交互作用对企业社会责任履行的影响，在实证研究中，如果高管影响力与贫困经历指标系数显著为正，且它们的交互项系数显著为负，则高管影响力和贫困经历都能提高企业社会责任履行水平，而且它们在提升企业社会责任履行水平时存在相互替代关系；反之，如果交互项系数显著为正，说明高管影响力和贫困经历指标在促进企业社会责任履行时存在互补关系。最后，实证检验高管影响力与贫困经历分维度指标对企业社会责任履行的交互作用关系，以明确不同维度的贫困经历对强化高管影响力与企业社会责任履行作用中的差异。

第9章，提升我国企业社会责任履行的对策及建议。根据以上研究结论，从政府管理、企业管理与决策和高管职业成长三个层面提出提升我国企业社会责任履行水平的对策及建议。

第10章，研究结论与未来展望，分析当前研究仍然存在的不足，并对未来可能的研究方向提出建议。

本书的研究内容如图 1-1 所示。

1.3　研究方法与技术路线

1.3.1　研究方法

本书的研究方法如下。

（1）文献研究。文献研究法是通过阅读、分析现有国内外研究文献，得出对主、客观事物认识的研究方法。本书将通过文献研究法，对已有的相关研究成果进行梳理、总结，进而把握本书研究需要解决的关键问题和方向；同时，通过文献研究，进一步掌握企业社会责任相关理论、高层梯队理论、企业管理相关理论以及心理学和行为学相关理论，为厘清高管影响力、贫困经历与企业社会责任的关系做好理论基础储备。

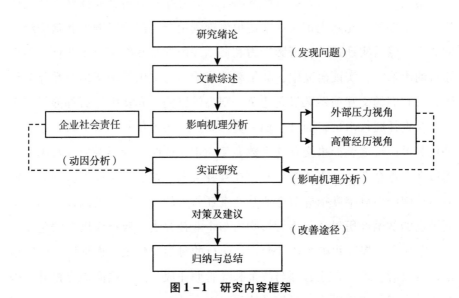

图 1-1　研究内容框架

（2）调查研究。调查研究法是通过了解客观情况直接获取有关材料，并对这些材料进行分析的研究方法。本书主要通过文献资料查阅、网络搜索功能，并运用统计学方法，对选取的样本开展数据搜集、归纳及整理、统计与分析工作，为本书开展理论研究与实证奠定基础。

（3）理论建模。理论建模方式是运用数学思想将定性问题定量化，本书定量分析影响企业社会责任履行的相关变量因素，运用理论建模分析企业外部影响因素的媒体报道、企业内部高管影响力、贫困经历以及二者的交互作用对企业社会责任履行的影响，揭开各研究变量之间的关系。

（4）实证研究。实证研究指研究者亲自收集观察资料，为提出理论假设或检验理论假设而展开的研究。实证研究具有鲜明的直接经验特征，实证研究方法包括数理实证研究和案例实证研究。本书将运用数理实证研究方法，以获取的相关变量数据资料为基础，本书拟以 2012～2015 年我国 A 股上市公司为研究对象，采用多元回归分析方法，运用大样本数据对本书提出的研究问题进行实证分析，对本书所提出的论点与假设进行验证。

1.3.2　技术路线

本书的研究技术路线如图 1 – 2 所示。

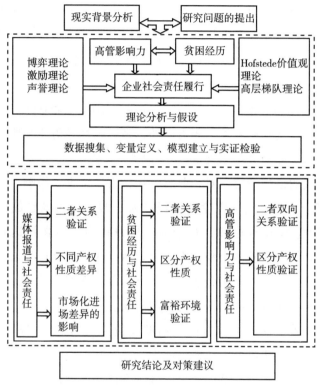

图 1 – 2　研究技术路线

1.4　创　新　点

本书以高管的人生经历为研究视角，研究来自企业外部声誉压力和高管成长经历形成的价值观及道德情感对企业社会责任决策的影响。本书的实证研究结果揭示了高管的企业社会责任决策行为既受到来自企业外部的声誉压力"利己性"因素的影响，又受到高管个人情感认知的"利他性"因素影响，本书的研究结论有助于进一步把握影响企业社会责任履行的影响因素，制定相应的政策与措施，实现企业价值、社会效益和高管个人成长的多方共赢，因此，本书研究具有一定的理论与现实意义。

本书的创新点包括如下四个方面。

（1）企业履行社会责任存在"利己性"动因。企业履行社会责任的外部压力除了制度压力以外，还有维护个人形象需要的声誉压力和行政介入压力，媒体对企业社会责任缺失行为的报道能够使高管在经理人市场的声誉受损，影响高管的个人成长与发展，来自外部监督力量的媒体报道有助于企业纠正错误行为，做出有利于社会责任履行的决策。

（2）企业履行社会责任存在"利他性"动因。除了有利于自身经济发展、受制于制度约束和外部压力以外，高管亲身经历体验所形成的企业社会责任活动才是真正意义上的"利他性"行动，高管成长过程中源自贫困经历形成的道德情感与对企业履行社会责任有重要影响。

（3）基于委托—代理理论和"经济人"假设探讨高管的企业决策行为存在局限性。激励理论和"社会人"假设认为，当高管达到了一定的职业高度，满足了物质需求和尊重需要以后，往往会有更高层次的需求来实现人生价值。因此，影响企业高管履行社会责任积极性的因素除了经济利益以外，还有实现更高的人生价值的需要。

（4）在对高管影响力和贫困经历的度量上，本书除了沿用已有文献研究采用的度量方法以外，还充分考虑了高管影响力和贫困经历的影响因素，构建了高管影响力和贫困经历的分维度概念模型，为今后开展与本书相似研究提供了变量度量思路与方法借鉴。

---------- 第 2 章 ----------

文 献 综 述

2.1 企业社会责任文献综述

2.1.1 企业社会责任的内涵

对于企业社会责任的理解，按照亚当·斯密的观点，企业的首要任务是提供社会所需要的产品和服务，并能够以消费者可接受的价格出售，那么企业就尽到了社会责任。随着社会的进步和人民生活水平的提高，消费者对企业的期望已经开始转向质量要求、生活环境的改善以及劳动者权益保障等多个方面。美国学者鲍文和约翰逊（Bowen and Johnson，1953）认为，企业社会责任（corporate social responsibility，CSR）是指企业除了通过合法的生产与经营获取利润以外，还应当将企业的发展与社会联系在一起，还应该回报社会，承担社会义务，满足社会的期望，此后，相关的学者不断发展和完善了企业社会责任的相关理论。卡罗尔（Carroll，1979）认为，企业社会责任是企业应尽的社会义务，是社会各界对企业所给予的经济、伦理和社会捐赠等期望总和，他将企业社会责任的内容构成分为经济责任（economic responsibilities）、法律责任（legal responsibilities）、道德责任（ethical responsibilities）和慈善责任（philanthropic responsibilities），并提出了企业社会责任的"金字塔模型"，卡罗尔对企业社会责任的内容构成定义得到了后来绝大多数学者的认同。20 世纪 90 年代，企业社会责任理论研究进一步发展，克拉克森（Clarkson，1991）认为，企业社会责任除了要考虑满足社会的期望，还要关心利益相关者的现实需求，并开始对企业社会责任履行的程度进行分级。布克和劳格斯登（Buke and Logsdon，1996）的研究认为，企业社会责任应该融入企业总体发展战略当中，应该在企业的长期发展战略指导下展开的具体行动。

国内对企业社会责任概念的界定相对统一，主要指企业在满足股东经济利益要求的基础上考虑其他利益相关者的要求，强调员工的利益要求。当然，也有学者把企业社会责任只定义为企业对股东之外的利益相关者承担的责任（卢代富，2002）。李立清和李燕凌（2005）在定义企业社会责任概念时，认为企业社会责任最本质的特征在于它的"内生性"，即这种责任是由于企业在社会领域内的自身行为引起的必然结果，而非任何外力推促下的企业义务，这一观点是对企业社会责任概念界定的有益补充。陈迅（2005）依据社会责任与企业关系的紧密程度把企业社会责任分为三个层次：一是基本企业社会责任，包括对股东负责、善待员工；二是中级企业社会责任，包括对消费者负责、服从政府领导、搞好与社区的关系、保护环境；三是高级企业社会责任，包括积极慈善捐助、热心公益事业。企业社会责任层次的划分对企业社会责任的认识和实践都具有一定的意义。

结合国内外已有研究关于企业社会责任的内涵描述，本书将企业社会责任定义为在企业总体战略指导下，通过合法的生产与经营赚取利润，以企业道德和社会服务为导向，履行对社会公众、投资者、员工、消费者等利益相关者应尽的义务。

2.1.2 企业社会责任的内容构成及观点演进

关于企业社会责任的内容构成及观点演进，比较经典的为企业社会责任的"同轴圆模型""金字塔模型"和"三重底线模型"。

20世纪70年代初期是企业社会责任研究的初步成型时期。1971年，美国经济发展协会（CED）出版《商业组织的社会责任》一书，该书详细阐释了企业社会责任的意义，并定义企业社会责任为一个同心轴模型，如图 2-1 所示,指出企业社会责任的基本构成由三个方面组成,由内向外构成三个同轴的圆形,从内圈到外圈依次是企业的经济责任、企业的经济责任与正在变化的社会价值观的结合、新出现的社会责任。

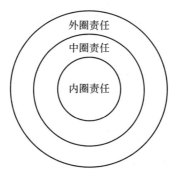

图 2-1　企业社会责任同轴圆模型

20 世纪末期,卡罗尔(1978)将企业社会责任归纳为由经济责任、法律责任、伦理责任和自愿性责任四个方面,随后,他又将自己划分的四个维度之一的自愿性责任更改为慈善责任(Philanthropic responsibilities),并将四个维度的责任重要性进行排列,区分层次,提出了著名的"金字塔模型",如图 2-2 所示。在卡罗尔的模型中,他认为企业社会责任的首要任务仍然是为股东创造利润和价值,企业的经济责任是整个企业可持续经营与发展的基础,处在金字塔模型的最底端;在经济责任的基础上,企业应当寻求法律责任,遵守法律,依法经营;同时,企业应当遵循伦理道德,企业行为要符合伦理道德规范;企业的慈善责任处在金字塔模型的最顶端,卡罗尔认为企业除了考虑经济、法律和道德责任以外,也要重视社会慈善和公益事业。通过卡罗尔的"金字塔模型"可以看出,从企业社会责任的先后次序和重要性看,经济责任占最大的比例,在企业社会责任内容构成中出于基础位置,他将企业的慈善责任放到了模型的最顶端,企业的慈善责任所占比例较低。

图 2 - 2　企业社会责任金字塔模型

　　随着企业社会责任相关理论研究的逐步深入，约翰（John，1997）提出了企业社会责任的三重底线（Triple Bottom Line）模型，即经济底线、环境底线和社会底线，如图 2 - 3 所示。在他看来，企业社会责任则是从经济、法律和社会（主要是利益相关者）三个角度展开。他认为企业第一要务是通过合法生产与经营实现利润为公司创造价值，这与卡罗尔的观点保持一致；环境责任就是企业的生产与经营必须符合环境保护，企业的生产与经营行为不能给自然和周边环境产生负面影响；社会责任则是要求企业的行为要对社会多方利益相关者负责，承担对利益相关者的责任。

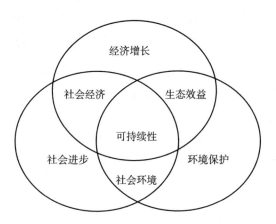

图 2 - 3　企业社会责任三重底线模型

　　由于我国的经济背景，关于企业社会责任的内容构成，相关学者在继承国外基本理论贡献的同时，结合我国经济体制与经济运行的实际，提出了我国企业社会责任的内容构成体系。徐尚坤（2007）在研究中延续了西方社会责任的基本思想，同时他还以利益相关者的理论为依据，加入了面向客户的责任、对企业员工的责任和公益事业三个维度。陈昕（2013）基于社会契约的角度分析了企业社会责任的构成，认为企业社会责任是由社会契约方决定的。李国平和韦晓茜（2014）继续深化了企业社会责任的内容构成体系，他们研究认为企业社会责任应该包括经济责任、法律责任和环境责任的同时，还加入了对股东的责任、社区的责任、利益相关者的责任和社会服务等内容。姚海琳（2012）、戴艳军和李伟侠（2014）、彭钰和陈红强（2015）、陈丽等（2016）在吸取和借鉴前人研究的基础上，认为企业社会责任的内容构成应该随着时代发展的变化而逐步完善。

2.1.3 企业社会责任履行的影响因素

关于企业社会责任履行的影响因素，从已有研究文献来看，当前的研究主要集中于企业外部因素和内部治理因素两个方面展开。

（1）企业外部因素对企业社会责任的影响。关于企业外部因素对企业社会责任的影响，学者主要围绕媒体关注、法律环境、市场化进程、政治关联等视角展开。

随着现代通信技术的发展，媒体在传播信息、舆论监督等方面发挥越来越重要的作用。以网络、电视、报纸等为代表的新闻传播媒介，能够缓解社会矛盾，弘扬社会主义核心价值观，新闻媒体可以作为社会监督的一部分对社会异常现象和违规行为进行揭露，在维护人民群众正当权益方面发挥重要的作用。戴克和津加莱斯（Dyck and Zingales，2002）研究认为来自企业外部压力的媒体关注能够影响公司决策行为，并通过声誉机制影响公司治理。随后，国内外学者基于媒体监督功能，深入研究了媒体报道对企业决策、高管薪酬、掏空行为、公司业绩等产生的影响。李培功和沈艺峰（2010）通过转型经济国家的经验证据，研究发现在新兴市场经济国家，媒体的公司治理功能主要是通过行政介入实现的，虽然声誉机制也在发挥作用，但是行政介入更为有效。随着研究的逐渐深入，学者们开始关注媒体报道对企业社会责任的影响，金谷和金汉义（Jingoo and Y Han Kim，2013）在研究中发现，媒体报道可以作为企业外部监管手段，通过声誉压力对企业慈善投入产生积极影响。他们还援引了发表在《星期日泰晤士报》关于高盛投资公司社会责任缺失的新闻报道，该新闻被曝光以后，高盛投资公司面临巨大的声誉压力，并在随后采取积极措施作出回应，决定在公司下一年度用于社会责任的投入提高到原来的四倍。由此可见，媒体的公司治理作用得到凸显，媒体关注对企业社会责任的履行起到较好的督促效果。

另外，学者们从竞争环境、制度背景和政府干预方面研究了市场化程度对企业社会责任的影响。贝斯利和帕特（Besley and Part，2006）、坎贝尔（Campbell，2007）研究认为，企业所在地区的市场化程度决定了该地区的市场竞争公平环境，市场化程度越低，该地区越容易出现投机主义行为，社会责任缺失事件越容易涌现。也有不少学者基于市场化进程，从区域法律环境分析对企业社会责任的影响，肖作平和杨娇（2011）研究认为，完善的地方法制有利于促进上市公司企业社会责任履行，企业履行社会责任被看作一种合规性行为，与公司利益相关者的权益能够受到法律的保护。黄雷等（2016）研究认为，公司经营所在地的相关法律约束性越强，企业披露的社会责任信息质量越高，社会责任履行越多。在市场化进程较高的地区，投资者对公司透明度的要求较高，企业的声誉压力较大，企业履行社会责任有利于在激烈的市场竞争者站稳脚跟、获得长期发展的优势。我国正处于转轨经济时期，各地区市场化进程存在差异，不同地区企业履行社会责任水平参差不齐。从王小鲁等（2016）发布的中国市场化进程报告可以看出，我国不同地区的市场化进程差异较大，市场化进程较高的地区，拥有相对完善的法制，市场竞争较为公平，来自地方的政治压力也较小。因此，可以预期，市场化进程较高的地区，经济越发达，建立的现代企业也比较多，市场竞争越激烈，企业社会责任压力越大。

政治关联（political connection）是指企业通过多种途径与政府建立良好的关系（张川等，2014）。从高管政治关联的作用来看，早先的研究表明，政治关联是一种有价值的资源，能够给企业带来融资便利、税收优惠、政府补贴以及市场影响力等（Fisman，2001；Johnson and Mitton，2003）。衣凤鹏和徐二明（2014）的研究认为，在中国这样处于转型经济时期的国家，企业的生产与发展需要建立非正式关系来提高自己的生产和发展能力，而高管建立与政府的联系是保持企业成长的主要方式。高管通过政治关联与政府等权力机构建立关系有助于与这些机构的沟通和交流，有助于企业更加及时准确地了解相关利益者对的需求（Johnson and Mitton，2003）。关于高管政治关联对企业社会责任的影响，贾明和张喆（2010）研究认为，具有政治关联的企业受到的社会责任压力更大，企业的政治关联级别越高，它们受到承担社会责任的压力越大，从而对压力做出回应的积极性程度越高，在承担社会责任方面的表现越好。古等（Gu et al.，2013）研究认为，相比较没有政治关联的企业，具有高管政治关联的企业会引致公众、政府和媒体的更多关注，随着政治关联级别的提高，企业社会责任受到公众、政府和媒体的关注范围扩大，企业为了提高自身企业的"可见性"而积极履行社会责任。衣凤鹏和徐二明（2014）以中国182家上市公司进行实证检验发现，高管政治关联能够起到传递政府等利益相关者压力的渠道作用，而履行社会责任是企业回应这种压力的有效途径。

（2）企业内部因素对企业社会责任的影响。关于企业内部因素对企业社会责任履行的影响相关研究较多，已有文献主要围绕企业的股权结构、高管团队特征、CEO薪酬、高管变更等几个方面展开研究。

公司的控股股东不同，企业的战略方针、经营目标和经营理念往往也有较大的差异，企业的社会责任战略、社会责任履行与实施也会受到影响。在国外研究当中，纳兹勒（Nazli，2007）以马来西亚企业为研究对象，研究认为企业董事的持股比例越高，企业社会责任履行水平相对较低，而存在政府控股的企业，企业社会责任履行水平相对较高。莫瑞特（Monrate，2009）在研究了瑞典上市公司社会责任时得出了同样的结论，非政府控股的上市公司相比政府控股的上市公司在履行社会责任方面表现较差。黄珺和周春娜（2011）的研究认为，控股股东、制衡股东和政府部门的监管有利于促进企业社会责任履行水平的提高。也有国内外学者研究认为股权的集中度与企业社会责任履行存在相关的关系。马吉德等（Majeed et al.，2015）采用巴基斯坦 KSE100 指数成分股实证检验发现，上市公司股票越集中，企业越重视社会责任履行，在企业社会责任方面的表现越好。在我国学者研究当中，蒋尧明等（2014）以 A 股市场公开披露企业社会责任信息的 349 家上市公司作为研究对象，研究发现股权集中度越高的上市公司，企业社会责任履行水平相对越高。

针对高管团队特征对企业社会责任的影响研究，汉布瑞克和芬克尔斯坦（Hambrick and Finkelstein，1987）将高管团队定义为由构成、结构和进程三个维度要素组成的模型。构成是指高管的团队成员中的诸如性别、年龄分布、文化学历和专业背景情况。高管团队的结构是指高管团队成员在团队关系网络中所形成的互相依存的关系。高管团队的进程是指高管团队成员在工作中所形成的协同协助、激励与帮扶。班特和杰克逊（Bantel and Jackson，1989）在借鉴汉姆布瑞克的理论基础上，以美国的银行为研究对象，研究结果发现，高管的教育程度与银行的创新性工作呈正相关关系，即高管团队的平均受教育程度越高，企业的创新性活动开展越好。而高管团队成员的平均年龄与企业的创新活动成负相关关系，即高管团队成员的平均年龄越小，企业的创新性活动开展相对较差。卡彭特和弗雷德里克森（Carpenter and Fredrickson，2001）从心理学角度研究了高管团队的工作经验和国际化视野对企业管理的促进作用，研究结果表明，高管团队的国际化工作经验能够显著促进企业的全球化战略。由此可见，高管团队特征对企业管理和行为具有重要的影响作用。

高层梯队理论认为，高管在企业决策和企业管理过程中容易受自身特质的影响，诸如高管个人的教育背景、年龄、性别等产生的独特行为方式和价值观都会对高管的企业决策行为产生影响，正是这些复杂的因素影响了高管的决策行为（王士红，2016）。在国内外的相关研究中，关于年龄对企业社会责任的影响，克里希纳（Krishna，2008）研究认为，高管团队的平均年龄分布越大，企业越会通过履行社会责任来规避风险，这也符合企业的伦理道德原则。我国学者郑冠群等（2015）通过实证研究支持了这一观点，研究认为随着高管层年龄增大，高管在企业政策制定与实施中考虑越会周到和细致，越会顾及大多数的权益，履行社会责任的意识也更强。关于性别对企业社会责任的影响，亚当斯和费雷拉（Adams and Ferreira，2009）研究认为，从心理学角度分析，女性高管往往具有天生的慈善心理和帮扶意识，有着较强的同情心，更能够对社会的不幸表达自己关爱的情感，因此女性高管履行社会责任的意识更强。费尔南德斯和罗梅罗（Fernandez and Romero，2012）基于企业战略研究社会责任问题时发现，企业高管团队中女性高管的比例越高，企业的社会责任战略越明显，社会责任履行水平越相对较高。关于受教育程度对企业社会责任的影响，汉布瑞克和芬克尔斯坦（1987）指出高管的受教育程度对管理决策有重要影响，他们在研究中发现，高管受教育水平越高，其知识学习能力和环境适应能力也越高，面临复杂的公司事务时，高管处理公司内外部事务的能力也越强。从已有的研究来看，高管的受教育水平与企业社会责任正相关，高管的受教育水平越高，其对社会责任的认识越深刻，履行社会责任往往是其追求更高的人生目标、实现人生价值的最佳途径。我国学者王士红（2016）也通过实证研究证实了这一观点，高管团队成员的平均受教育程度越高，企业的社会责任意识也就越强。

关于高管薪酬与企业社会责任履行的关系，委托—代理理论认为，薪酬是企业高管和股东之间最重要的契约。希利（Healy，1985）认为，企业社会责任活动对企业财务绩效的提升是长期的，而高管出于个人薪酬的考虑，往往会更加关注短期财务绩效的提升而没有积极性去从事社会责任活动。当前国外有关高管薪酬与企业社会责任的研究表明，高管薪酬和企业社会责任行为之间存在负相关关系（McGuire et al.，2003；Deckop et al.，2006）。然而，对于处于转型经济的中国，不同于西方开放的市场、自由竞争和个人主义主导的社会文化情景（Xiao and Tsui，2007），我国的市场经济机制和法制体系还不完善，经济发展受传统文化影响依然存在，高管薪酬和企业社会责任之间的关系并不同于西方情景。已有研究表明，在转型经济的中国，高管薪酬与企业社会责任履行产生积极的正向影响，这是由于企业履行社会责任的动因和高管对自身利益的追求趋于一致。关于企业履行社会责任的动因，高勇强等（2011）的研究认为，企业履行社会责任可以获得政治资源，从而降低制度环境不确定给企业带来的风险。王端旭和潘齐（2011）的研究认为，企业履行社会责任可以调节企业与利益相关者的关系，进而可以为企业争取更多的有利发展资源。田雪莹和蔡宁（2012）的研究认为，企业履行社会责任可以通过获得的资源优势短期内为企业带来财务绩效的提升。大量的研究表明，企业履行社会责任，有利于企业建立与最关键利益相关者——政府之间的密切关系，从而降低与政府政策和管制变化相联系的不确定性对企业带来的风险（高勇强等，2011）。作为企业代理人的高管也会同时追求自身效用的最大化，包括薪酬、权利、社会声誉和社会地位，企业履行社会责任过程中，通过与利益相关者的资源交换，高管个人利益和企业自身的利益一致性更高（谢鹏和刘春林，2016），而高薪酬的高管往往拥有较高的决策权利，其对社会资本和社会声誉的满足欲望更为强烈，这显著增强了其资源的支配能力而积极承担社会责任。

高管作为企业决策制定的"领头羊"在战略制定和实施过程中扮演着至关重要的作用（谭瑾和罗正英，2017），根据高阶理论，高管所制定的决策反映了其以往经验和背景所形成的认知特征，因而新任高管与前任高管的认知差异会导致变更后企业战略的变革。高管变更作为公司一项重大的战略调整，会对企业社会责任这项长期战略的承担产生一定程度的负面影响。刘青松和肖星（2015）的研究认为，当高管面临被更换时，在压力驱使下离任高管往往会忽视长期战略，以企业的未来为代价增强其在职收入，将企业利润更多地用于增加其离任前的在职消费。欧文等（Oh et al.，2014）的研究认为，作为企业长期战略，收益回报周期较长，企业社会责任投入给企业未来带来的收益存在很大的不确定性，根据委托—代理理论，继任的高管往往更加重视当期的经济利益来尽快赢得投资者的信任，因此高管变更会在短期内降低对企业社会责任的长期战略投入。陈丽蓉等（2015）的研究认为，作为利益相关者的代理人，高管变动会影响利益相关者关系以及战略决策与实施，进而影响企业社会责任承担。

然而，我国正处于转型经济时期，我国企业的产权性质、企业战略和经营目标等与西方市场存在很大的差异，CEO 对于企业的经营管理思维与国外也有较大差异。受传统文化的影响，我国企业的经营目标要考虑多方的需求，来自政府、社会和利益相关者的压力是高管在企业决策过程中必须要考虑的问题，企业既要通过合法生产经营获取利润，还要满足社会期望，践行社会责任，高管积极履行社会责任，对企业的长期发展战略有利，对高管的个人形象提升有利。高勇强等（2011）研究认为，企业履行社会责任还可以通过获得政治资源而减少企业发展过程中可能遇到的风险，对企业的长期发展有利。王端旭和潘齐（2011）基于利益相关者视角，分析了企业履行社会责任对利益相关者的影响，并强调了社会责任的调节作用。田雪莹和蔡宁（2012）的研究认为，企业履行社会责任可以为企业争取更多的发展资源。因此，从已有研究总结可以发现，企业履行社会责任，有助于企业建立与保持同政府和利益相关者的关系，有助于减少企业生产经营管理过程面临的各种风险，对企业的可持续发展有利。因此，在转型经济时期的中国，履行社会责任作为一项长期的战略投入，能够给企业带来持续性的积极影响，这与高管追求企业发展的同时追求自身利益的目标趋于一致。

2.1.4 相关研究述评

已有文献关于企业社会责任的相关研究成果比较丰富，我国学者也结合我国转轨经济背景，提出了企业社会责任在我国发展的特殊性特征。因此，总结前人的研究，这些研究文献对于研究我国特殊背景下企业社会责任履行具有借鉴意义，也给本书研究带来了启示，主要表现在以下几个方面。

（1）借鉴国内外学者关于企业社会责任的内涵描述，同时结合我国特殊的转轨经济背景，企业在合法生产与经营的同时，企业社会责任应该以企业道德规范和社会服务为导向，既要符合企业的可持续发展需求，也要与企业利益相关者需求相一致，通过履行社会责任，实现多方共赢发展。

（2）关于企业社会责任的构成维度划分，国内外研究成果较为丰富，研究结论基本趋于一致，结合我国转轨经济背景，我国企业通过合法生产与经营，既要实现经济效益，也要符合环境保护，同时要能够响应国家号召满足社会期望，这是新时期社会主义核心价值观的要求，也是企业家精神的最好诠释。

（3）已有研究认为企业社会责任履行受多方面的因素影响，既有来自企业外部的压力，又有企业内部的治理因素。对我国企业来讲，外部压力和内部治理因素都具有其特殊性，其对社会责任的影响相比较国外也有较大的差异。

但已有研究仍然存在不足，需要进一步通过理论和实证研究解决，主要表现在以下几个方面。

第一，已有研究对企业社会责任的影响机理研究还不是很深入，仍然存在理论上和研究方法上的缺陷与不足，相关的实证研究缺乏清晰的理论框架，基础理论支撑较为薄弱，导致针对相关论题的研究结论不尽一致。因此，理论研究有待突破。

第二，相关研究围绕企业外部环境和公司内部治理两个视角展开对企业社会责任的影响探讨，已有研究多是基于社会层面和公司层面展开，而忽视了推动企业履行社会责任的"人"的因素和影响。高管是企业中最有影响力的决策者，作为企业形象的代言人，高管的个人效应对企业战略、生产与经营和利益关系的处理都有重要影响，当前我国正处于转型经济时期，处于企业核心领导地位的高管往往拥有较高的决策权利。那么，高管个人因素是否会对企业社会责任履行产生影响呢？这有待于理论界进一步研究得到回答。

第三，关于企业社会责任履行的动因研究，从已有研究来看，已有研究主要是将企业履行社会责任的动因归于经济动因、制度约束和外部压力，属于被迫式的"利己性"的动因，那么，除了这三个动因以外是否有其他动因促进企业社会责任履行呢？巴特森和斯林斯（Batson and Slingsby，1991）研究认为，只有源自情感和道德认知的社会责任活动才能算得上真正意义上的社会责任。因此，企业履行社会责任的"利他性"动因有待于理论界进一步研究得到验证。

2.2 媒体报道与公司治理文献综述

2.2.1 媒体报道的公司治理角色

随着现代通信技术的不断发展，媒体对企业行为的报道（尤其是负面报道）不断增多，企业的社会责任以及与投资者关系成为社会关注的焦点。作为公司与投资者之间沟通渠道，媒体报道对众多上市公司产生了深远的影响，媒体的公司治理作用日益得到理论界和实务界的认可与重视。媒体是公司治理社会监督的重要组成部分，一方面作为公司信息披露的载体，媒体向资本市场传递相关信息，有利于投资者做出决策；另一方面，媒体可以对公司的行为进行有效的监督，保障了利益相关者的权益。媒体在公司治理中的角色可以分别从媒体在社会中的作用以及公司治理中存在的信息不对称两个角度进行辨析，如图 2-4 所示。

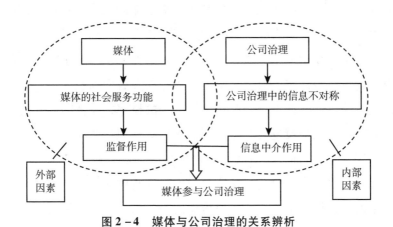

图 2-4 媒体与公司治理的关系辨析

（1）媒体的社会服务功能——监督作用。媒体的社会服务功能之一是对社会的监督的作用，媒体对社会异常现象的关注与揭示体现了媒体的社会服务职能。周鸿骅和胡传林（1997）认为，媒体是指以报纸、杂志、广播、电视、网络等为代表的大众传播媒介。媒体的社会服务功能要求新闻媒体及从业人员在新闻传播活动中必须履行对社会稳定、国家安全以及公众健康所承担的法律、道德等公共责任和社会义务。媒体的价值判断能够反映一个国家的风俗习惯、文化，媒体的职业敏感性和责任心，对社会异常现象进行揭示与警示，是缓解社会矛盾、弘扬社会正气的重要力量。随着现代股份制公司的发展，媒体参与公司治理诠释了媒体的社会服务功能。作为公司与社会各界、投资者之间的沟通渠道，新闻媒体对企业的关注不断加大，使得企业的经营管理目标和企业所履行的社会责任越来越受到企业利益相关者，尤其是社会关注。因此，媒体在促进公司利益相关者参与公司治理方面的作用日益明显，媒体报道的信息已经成为相关利益群体做出决策的重要途径。

（2）公司治理中存在的信息不对称性——信息中介作用。在市场交易中，投资者所掌握的信息是做出投资决策的重要依据，信息特别重要。在投资过程中，投资者拥有的信息量越大，投资者的风险就越小。作为信息提供者的上市公司，拥有完全的信息，而投资者作为信息的接收方总是处于相对的劣势，没有掌握充分的信息而使交易充满风险，必须付出一定的交易成本，这就是投资者和上市公司之间的信息不对称。媒体作为现代社会中重要的信息中介机构，是解决信息不对称问题的有效途径和重要渠道。媒体的信息披露将上市公司暴露在利益相关者面前，媒体对上市公司的负面报道能够有效提高企业改正违规行为的概率，媒体曝光在促进企业改正违规行为，保护投资者利益方面显示出十分积极的作用（李培功和沈艺峰，2010）。一方面，投资者往往很难获得真实有效的信息来为投资决策提供依据，投资者获取信息是需要成本的，政府、企业、利益相关者的信息大多通过媒体加工并有选择地传播出去，借助于媒体解决市场交易信息的不对称的问题，降低了投资者的参与成本（Bushee et al. , 2007），媒体及时、准确、公正地报道和披露交易过程中的信息，使得市场交易双方处于公平的地位，防止由于市场信息的不充分导致判断失误，达到了保护投资者的作用（Dyck and Zingales, 2008）。另一方面，媒体作为监督者，对市场交易中有违反规则的行为进行披露，对市场交易中存在的规则漏洞进行报道，可以引导公司内部制度的完善，确保有效率和及时的信息流通，从而达到保护投资者的目的。

2.2.2 媒体报道的公司治理作用机制

对于媒体的公司治理作用机制，学术界仍然存在分歧，不同的学者提出了不同的观点，已有的研究认为，在不同的经济与社会环境中，媒体发挥公司治理作用的机制是不同的，媒体的公司治理作用机制应有所区别。为了更好地分析已有研究现状，下面从目前学术界认可比较多的声誉机制和行政介入机制两个方面对现有文献进行述评。

（1）基于声誉机制的研究述评。一种普遍的观点认为，媒体的公司治理作用机制是通过声誉机制实现的（Dyck and Zingales，2002）。法玛和詹森（Fama and Jensen，1983）认为媒体关注可以通过影响管理者的声誉来影响公司治理，在经理人市场，经理的市场价值取决于过去的经营绩效，经理人会维护现在的声誉来避免长远的货币损失。我们通常认为，媒体关注不仅影响管理者在股东心目中的声誉，而且还会影响他们在社会上的声誉，来自社会大众的压力会增加管理者关系公证形象的可能性。贝斯利和普拉特（2001）认为，由于媒体的关注，政治家担心无动于衷将使他们在公众心目中的形象受损以至于影响他们的政治生涯，媒体关注将促使政治家修改并有效实施公司法。韦斯特（Wagstyl，2002）认为，媒体对管理者信息的确认与传播强化了声誉惩罚机制，媒体的社会惩罚机制可以促使管理者按照社会规范行动。戴克和津加莱斯（2008）通过实证证实媒体的公司治理作用是通过影响企业和经理人员的声誉实现的，并支持了韦斯特的观点，即当企业或经理人员的行为所造成的声誉成本和法律惩罚大于从中获得的私人收益时，媒体的曝光能够发挥公司治理的作用，并给出了私人收益和声誉惩罚模型：

$$E(私人收益) < E(声誉成本) + E(法律惩罚) = \sum P_i \times RC_i + \pi P$$

其中，RC_i 是当企业经理人员做出侵害利益相关者行为时所产生的声誉成本；P_i 是公众接收到媒体曝光的信息并做出决策的概率；π 是企业因违规受到法律惩罚的概率；P 是企业因违反规则而受到的法律惩罚损失。

由以上模型可以看出，媒体正是通过影响企业或经理人员的声誉成本和可能受到的法律惩罚发挥公司治理作用的。

不仅企业和经理人员关注声誉问题，作为传播信息的媒体自身同样注重声誉形象，以维护自身的市场地位。媒体在市场竞争压力下同样有着追求社会声誉的激励，只有提供真实和具有"发布信息真实"声誉的媒体才能收到公众的持续关注，李培功和醋卫华（2012）也通过实证研究发现，随着中国国内改革环境的逐步宽松和市场竞争的加剧，媒体为了赢得社会声誉和获得商业利益，也有动力去监督公司中存在的问题。

综观已有文献，有关媒体的公司治理作用机制主要是从声誉机制展开，经理人员为了维护自身的形象或为避免受到的声誉惩罚对媒体报道做出积极的回应，已有研究通过理论假设和实证检验证实了这一观点。需要指出的是，虽然声誉机制是一种被普遍接受的观点，有关媒体的公司治理作用机制并不是全部靠声誉机制实现的。

（2）基于行政介入机制的研究述评。已有研究认为，关于媒体的公司治理作用机制，必须要充分考量不同国家、经济发展的不同阶段时媒体对公司治理的影响机制是否一致。媒体的公司治理作用机制还可以通过行政介入实现。比如，对于经济和社会正处于转型期的中国，媒体对于中国国有控股的公司治理作用机制不是靠声誉机制实现的，声誉机制在约束转型期中国国有控股公司企业管理者行为方面作用有限，这是因为国有股权在公司所有权结构中占有庞大的比重，在我国，只有17.63%的上市公司经理层是通过竞争方式产生的，国有控股企业高管不会因为经营不善而被降低行政级别待遇（李培功和沈艺峰，2010）。在民营企业中，职业经理人市场还不是很规范，职业经理人市场评价还在探索，经理人市场表现出不成熟性和缺乏稳定性的特点，在这种背景下，媒体影响公司治理的作用机制就不能完全依靠声誉机制了。当一个国家处于经济转型期，通过行政介比其他治理措施更加有效，行政介入可以成为保护上市公司利益相关者有效的机制（Prat and Stromberg，2011）。媒体的曝光提高了行政介入公司治理的可能性，对于国有企业，媒体关注引起行政介入，国有企业高管的政治前途势必会受到影响，对于民用企业，民用企业为了保持与政府的关系也会积极配合行政部门介入，改正违规行为。因此，媒体关注可以通过消除了信息的不对称，引起上级行政部门的关注，从而促使相关行政机构通过行政介入调查企业违规行为，促使违规企业改正违规行为。

由此可见，已有研究基于不同的作用机制对媒体的公司治理作用进行了研究，虽然声誉机制和行政介入机制在作用范围、作用方式和手段以及作用效果上存在差别，但是最终的作用目标是一致的，如表 2 - 1 所示。媒体关注可以促使企业改正违规行为，从而达到保护投资者利益和促使企业做出更多有利于社会的行动。

表 2 - 1　　　　　　　　声誉机制和行政介入机制的研究比较

作用机制	作用范围	作用手段	作用方式	作用效果	作用目标
声誉机制	成熟的经济市场较有效	声誉压力	社会的舆论评价	声誉成本	企业改正违规行为
行政介入机制	不成熟的经济市场较有效	引起上级行政部门注意	行政部门介入	行政处罚	企业改正违规行为

资料来源：根据相关文献整理。

2.2.3　媒体报道的公司治理效应

（1）促使企业改正违规行为，提高工作效率。媒体的监督作用对企业改正违规行为起到了积极的作用，迫于声誉压力或者行政处罚压力，违规企业会积极采取措施改正违规行为，改善与投资者及政府的关系，提高工作效率。这一观点得到了米勒（Miller，2006）和戴克等（2010）研究的支持。米勒（2006）研究发现媒体在对资本市场会计舞弊行为的监督中发挥了积极的作用，他通过对 263 家违规的上市公司研究发现，有 75 家违规公司受到了媒体的质疑和批评，在受到媒体的批评和质疑以后，违规的公司积极采取有效措施，改正了会计舞弊违规行为。戴克等（2010）通过研究 216 个样本企业，发现通过媒体揭露的有会计舞弊行为的样本企业占到了 1/5，这些违规的企业被媒体曝光以后，普遍采取了有效措施挽回声誉，放弃了机会主义行为。乔治等（2009）通过实证检验媒体对美国上市公司董事行为的影响，发现在媒体曝光缺乏效率的董事会名单以后，这些公司能够积极回应媒体的报道，采取有效措施提高董事会的工作效率，进而提高全体股东的价值。可见，媒体报道对促使企业改正违规行为和提高经理人员和董事工作效率方面产生了积极影响。一方面，媒体报道所产生的舆论压力具有天然的声誉机制作用，在塑造企业经理人和董事的经营行为及其积累的公众形象方面扮演重要的角色。另一方面，媒体报道所产生的舆论压力也容易引起政府和相关行政部门的介入，因为政府的不作为势必将危害其未来的政治生涯或损坏他们在选民中的良好形象，通过行政介入并制定或完善相关法律与制度措施，促使企业改正违规行为，提高经理人员和董事的工作效率。

媒体监督作用的有效发挥必须克服信息偏离，即要避免出现政府干预或特殊利益集团的操作。媒体对社会现象的揭露，处于对自身利益的考虑，往往释放的信息与真实信息存在偏差，这就是信息偏离（Baron，2003；Gentzkow，2006）。媒体在报道过程中出现信息偏离可能是为了取悦自身的赞助商（Ellman and Germano，2009），存在明显说好话偏袒赞助商，也可能是因为媒体公司的所有权影响（Besley，2006），如为政府或利益集团说话。相关研究表明，在西方国家，政府机构控制的媒体更容易与政府串谋，从而降低了媒体的可信性（Besley and Prat，2001）。政府对媒体的态度会影响媒体参与公司治理功能的发挥（Dyck et al.，2002），媒体在关注公司治理过程中，面临政策因素和制度因素的约束，当报道内容涉及重大事件、敏感问题或者揭露企业丑闻时，往往受到政府层面的压力影响，避免过度报道相关内容，以减少社会恐慌（醋卫华和李培功，2011）。在媒体关注公司治理过程中，同样需要警惕特殊利益群体对媒体的操纵，个人或特殊利益群体垄断媒体，不但威胁了民主制度，更威胁法制（McChesney，1999），个人或者利益集团集中垄断媒体的结果使媒体成了相关利益集团的工具，使媒体的价值取向变得保守（Dyck and Zingales，2002），无法真实表达媒体个人的真实想法，也就无法监督企业的行为，实施参与公司治理职能的发挥。

（2）有利于降低资本成本和代理成本，提高企业业绩。第一，对资本成本和代理成本的影响。已有研究结果表明，信息披露质量、投资者保护水平都有利于显著降低上市公司的资本成本。在上市公司信息不对称严重和缺乏有效的控制与监督机制的情况下，投资者很难辨别公司的真实投资价值。而媒体作为一种外部治理机制，其对上市公司的普遍关注，则有利于监督和制约企业经营管理者的行为，降低投资者可能承担的各种代理成本和投资风险。在资本市场，投资者要获取有关企业的可靠信息往往非常困难，新闻媒体通过披露高质量的企业信息降低了投资者面临的信息不对称问题，从而对投资更有信心。已有研究证明，上市公司受到媒体的报道越多，投资者所掌握的信息越充分，其股权融资或债务融资所需支付的成本越低（Ashbaugh，2004；Hail and Leuz，2006），媒体报道能够显著降低上市公司的权益成本和债务成本。在代理成本方面，公司所有者与经营者之间的委托—代理关系产生的代理成本问题是公司治理一直面临的重要问题，代理成本是由委托人的监督成本、代理人的担保成本和执行契约时成本超过收益的剩余损失三部分组成，而媒体作为公司的一个重要的外部治理机制对代理成本也会产生重要影响。媒体报道能够通过信息传播机制、声誉机制以及间接通过影响内部治理缓解代理问题，从而实现投资者保护以及对管理者的监督，有效降低代理成本，发挥公司治理作用。

第二，对企业业绩的影响。企业的业绩是包括媒体在内的广大利益相关群体关注的重点之一，都期望企业的业绩能够满足利益相关群体的需要与期望，更进一步的，新闻媒体通过信息传播引导公众对企业行为做出有价值的判断，从而改变公众的投资行为。一个良好的企业绩效更能够吸引媒体的关注，新闻媒体对具有良好绩效的企业进行大量报道，提高了企业的知名度，给企业带来积极的正面影响，吸引更多的投资者采取行动，企业迫于更大的压力而采取符合公众需要的经营措施（Carmelo Reverte，2009）。媒体对上市公司行为的负面报道，会影响前期投资者对企业的担心，从而影响投资者对企业未来投资的信心，同时，企业产品的社会认可度也会降低。因此，当企业面临负面报道以后，会采取措施积极正面回应媒体报道，改善投资环境，改正违规行为挽回受损的形象，提高公众对企业的信心，从而对企业业绩产生影响。已有研究结果表明，新闻媒体的负面报道量与上市公司下一期绩效改善程度存在正相关关系（Johnson，2007）。媒体关注对企业业绩的影响也可以通过媒体对企业带来经济后果来解释，帕莱丝（Peress，2009）通过考察媒体关注与股票月度收益之间的关系时，发现媒体对上市公司的关注度越高，在接下来一个月中，其股票的平均收益率越低，媒体关注对公司股票的月度平均收益率呈反向关系，媒体关注所带来的经济效果可以影响企业业绩。

不管是降低成本方面，还是对企业业绩提高的影响方面，媒体报道功能的发挥要求政府部门和资本市场监管部门必须推进和深化媒体的产业化改革来保障媒体的健康发展，保障媒体的言论自由，提高媒体的独立性和权威性，只有处理好这些影响因素，才会使媒体报道降低企业成本和提高业绩方面起到作用。

（3）更加重视企业品牌形象，履行社会责任。企业经营的直接目的是利润，为股东创造价值并追求利润最大化，企业履行社会责任会增加企业的成本，因此，企业是缺乏履行社会责任动机的。以往的假设为企业履行社会责任的最大动机是提高企业的品牌形象、维持好的社会声誉、提高公众信任度。国外学者已经通过研究证实了媒体关注度对企业履行社会责任具有积极的影响。2009 年 11 月，高盛投资公司的老板因为一篇《星期日泰晤士报》关于公司社会责任（CSR）的负面报道而受到了来自社会公众的巨大压力，于是他们在接下来的 2010 年，用于慈善捐献（philan-thropic contributions）方面的投入从 7000 万美元提高到了 3.15 亿美元，提高了 4 倍多。当媒体和社会公众的压力时，企业是否会花股东的钱加大投入社会责任，比如社会慈善捐助，成为学者讨论与研究的话题。金谷和金汉义（2013）分析了一百万条 2000~2010 年间美国最大的 100 家公司在慈善捐献方面的新闻报道，他们的研究发现，当企业收到关于社会责任履行的负面报道时，企业为了自身的品牌形象，会强化社会责任角色，加大在慈善捐助方面的投入。那么企业为什么会这种反应呢？一种观点认为企业提高社会责任履行的投入会改善与利益相关者的关系（Zyglidopoulos and Georgiadis，2012），因为新闻媒体是利益相关者发表建议的一个重要平台，媒体在此过程中扮演着重要的角色（Dyck et al.，2010；Kuhnen and Nissen，2012）。已有的研究中，企业履行社会责任的维度还存在分歧，上市公司在社会责任时会优先考虑谁的利益不同的学者也有不同的看法，王建琼等（2011）通过调查研究我国上市公司履行社会责任的现状时发现，我国上市公司在履行社会责任时，优先考虑的因素依次为股东、员工、债权人、商业伙伴、消费者、环境、社会公益。

我们也应该注意到，不同的社会环境有着不同的价值取向。在不同国家、地区和民族，由于历史、文化和制度的差异所形成的不同价值观差异，对公司治理理念有很大的影响。英国和美国有 70% 以上的公司在公司治理中首先考虑股东的利益，媒体关于股东利益的任何负面报道都会对管理者决策产生重要影响；日本和西欧国家对于公司的大多数观点为公司是为所有的利益相关者服务的，媒体作为新闻传播者所传达的社会规范并不一定完全符合股东的利益（Rinallo and Basuroy，2009）；在中国，由于国有控股企业占大多数，企业在获得高利润并考虑股东和投资者利益的同时，就要更多地考虑公司的社会责任。

2.2.4 相关研究述评

从已有的研究成果来看，媒体的公司治理作用研究取得了重要的进展，国内外学者围绕媒体公司治理作用的内涵、影响机制、影响效果等问题进行了理论探讨和实证研究，并取得了一些颇有价值的研究结论。总体来说，已有的媒体的公司治理作用研究文献，不管是从理论上还是从实践上，都弥补了现有公司治理研究文献中的部分不足，对实践中提升公司治理水平有重要的指导意义，并从以下几个方面做出了学术贡献。

第一，研究内容上，丰富和发展了公司治理理论，拓宽了公司治理研究边界。以往的研究大多集中在公司治理的内部治理方面，研究股权结构、董事会、经理层激励等方面，在研究内部治理的基础上，开始研究外部治理中政府监管、法律体系、政治关联等对公司治理的影响。而随着媒体对企业违规行为、损害投资者利益行为的报道不断增多，作为现代重要的新闻传播媒介的媒体，其参与公司治理的职能越来越受到企业界和学术界的重视，所展开的媒体的公司治理作用研究拓展了公司治理的研究边界，丰富了公司治理的研究内容。

第二，研究方法上，从尝试性的一般描述到科学严谨的实证研究逐步深入。戴克和津加莱斯（2002）提出了媒体的公司治理作用，并对媒体的公司治理作用效果进行了一般性的描述，随着学者对媒体参与公司治理相关研究的重视，米勒（2006）通过收集样本，使用263家违规的美国上市公司作为研究对象做实证研究，得出了媒体关注在监督企业违规行为方面的重要作用。戴克和津加莱斯（2006）基于1999～2002年俄罗斯的经验数据证实了媒体的公司治理作用，并在两年以后通过实证检验证实了媒体关注对企业改正违规行为的重要影响。乔治等（2009）利用美国75家被评为"最差董事会"的企业作为实证研究对象，发现被媒体曝光以后，有34家企业改善了公司治理行为，证实了媒体的公司治理作用。可以说，媒体的公司治理作用通过实证研究得到了证实，并且相关研究越来越深入。

第三，研究范围上，从发达资本主义国家到新兴市场经济转型期国家。以往关于媒体的公司治理作用研究大多集中在欧美发到资本主义国家，所展开的样本数据收集主要集中在美国、西欧等国家。近几年，从戴克和津加莱斯（2006）研究俄罗斯的经验数据，到李培功和沈艺峰（2010）研究中国的经验数据，学术界开始关注研究新兴市场经济转型期国家。并分析不同的市场经济环境当中媒体参与公司治理的影响机制，以及分析不同的社会、法律环境对媒体参与公司治理的影响效果。这些研究充实了媒体的公司治理作用研究内容，扩宽了媒体的公司治理研究范围，对于指导不同国家、不同的市场和社会环境下媒体参与公司治理的职能具有重要的指导意义。

当然，有关媒体关注对公司治理的影响研究仍处于探索阶段，在此过程中出现的一些新的问题、新的领域仍需要通过进一步研究来解决。

一是研究媒体偏见对公司治理的影响。媒体的公司治理作用发挥需要媒体客观、公正的报道，媒体偏见显然会影响公司的治理作用。已有文献研究了媒体报道偏差对公司治理的影响，媒体报道偏差即媒体通过选取对报道对象有利或不利的特定细节进行报道，对报道内容进行取舍、对词句语气的斟酌和对不同信息来源的选择（Gentzkow and Shapiro，2006）。但是媒体报道偏差和媒体偏见应有所区别。按照凯伦和斯图亚特（2004）的观点，媒体偏见（media prejudice）是指新闻媒体在信息发布过程中存在的偏向性和倾向性。麦奎尔（McQuail，2006）指出了典型的新闻偏见即新闻报道没有保持客观和公众的立场，过度呈现社会某一层次的声音，传播了错误的观点，会引发受众的偏见态度等不良的社会性后果。峨仑和巴特勒（Gurun and Butler，2012）通过研究媒体存在的偏见时发现，地方媒体对于当地的企业报道的负面信息较少，而对外地企业展开的负面报道信息较多，这是一种较为常见的媒体偏见现象。显然，媒体偏见会影响公司治理的效果，甚至会产生对媒体公司治理作用的质疑。一方面，媒体偏见所引发的错误观点会引起投资者对企业信息的误判，由此作出的投资决策可能导致不良的后果，不能达到保护投资者的目的；另一方面，媒体偏见的存在使得社会大众对媒体的可信性产生怀疑，从而使得违规企业对于媒体报道的舆论压力减小，媒体公司治理的职能会大打折扣（Dyck et al.，2010；Ellman and Germano，2009）。

二是研究媒体的正面报道对公司治理的影响。已有研究大多数是针对媒体的负面报道开展的，研究媒体的正面报道对公司治理的影响较小。媒体的负面报道会增加企业的外部压力从而被迫采取积极的措施纠正自己的行为。媒体的正面报道也有重要的意义。对全社会来讲，媒体对企业的正面报道有助于树立标杆作用，汇聚正能量，聚民心，弘扬社会正气；对企业自身来说，媒体对业绩优秀的企业进行正面报道可以给企业增加鼓励的同时，增强投资者对企业的信心，从而降低企业的权益资本成本，醋卫华（2013）以 2004~2008 年由《经济观察报》和北京大学管理案例研究中心评选的"中国最受尊敬企业"为研究样本，考察了公司声誉与权益资本成本之间的关系。研究结果显示，入围"中国最受尊敬企业"名单的上市公司其权益资本成本显著低于参照组样本。媒体的正面报道对公司治理的影响需要未来进行深入研究。

三是研究新媒体对公司治理的影响。随着新媒体的发展，数字杂志、数字报纸、手机短信、网络、微博、博客等新媒体技术的发展，媒体参与公司治理的形式将更加多样。新媒体不仅传播速度快而且覆盖面广阔，往往容易在短期内形成互动效应。如网络媒体对公司治理的影响，中小股东在公司治理的法律制度方面处于弱势时，他们可以通过网络发帖作为意见表达渠道以影响公司治理。当然，新媒体存在的虚假信息业会对社会产生误导效应。因此，在公司治理中，新媒体与传统的电视、报纸媒体相比，在媒体监督动机、媒体监督的方式、媒体监督的机制等方面存在较大的差异。总之，探讨新媒体对公司治理的影响机制，保障新媒体参与公司治理功能的发挥，是将来值得深入研究的课题。

2.3　贫困经历文献综述

2.3.1　贫困及贫困经历的内涵

随着社会经济的不断进步，国内外对贫困的研究在不断的深化，并且伴随着不同的经济时代对贫困的内涵理解也不同。关于贫困的内涵和理解，以森（1975）关于贫困的开创性研究为先导，相关研究经历了从绝对贫困到相对贫困、从客观贫困到主观贫困、从物质贫困到能力贫困等多维度演进的过程。总结当前关于贫困的内涵研究，主要观点集中于两个方面。一方面，将贫困归属于经济学范畴。经济学观点认为，对于贫困的理解应该从物质层面和经济学层面来理解，并且有绝对贫困和相对贫困之分，绝对贫困观认为个人生活的艰难导致贫困的持续延续，自己缺乏改变物质生活资料的欠缺和物质条件的足够能力，需要社会救助。朗特里（1901）在其研究中给绝对贫困的定义为：个人甚至家庭处于严重的物质缺乏状态，由于物质资料的缺乏使个人或家庭难以满足基本（或最低）的生理需要。而雷诺兹（1993）将绝对贫困定义为"没有足够的收入可以使之有起码的生活水平"。对于相对贫困的概念，20 世纪 60 年代，《相对剥夺和社会主义》一书中认为，相对贫困是指个体相比较社会的人均生活水平较低的状态，与绝对贫困相比，至少拥有足够的能力满足最起码的生活需要。另一方面，将贫困定义为社会学范畴。与将贫困界定为物质资料的欠缺和收入低下不同，社会学将贫困界定为精神生活空虚、自尊心缺失、社会福利或社会机会欠缺等。阿玛蒂亚·森较早对贫困问题进行描述时曾指出，对于贫困的内涵不能简单地从收入低下来区分，贫困的实质是人们缺乏改变现状和抵御风险的能力，贫困的根源在物质生活条件欠缺与精神生活缺乏出路。

随着对"贫困"认识的不断深入，我国学者也开始关注对贫困内涵的研究，比较有代表性的观点比如童星和林闽钢（1990）研究认为，贫困是经济条件、社会机会和精神文化落后的总称，他将贫困界定为物质资料欠缺之外，认为社会福利和享受社会资源的机会欠缺，或者精神生活缺失也是一种贫困。唐平（1994）的研究认为，贫困是指缺乏基本的生活资料，个人收入难以维持基本的生理需求，同时也无法或有困难适应自己的生存环境，进而造成肉体性和精神性生活困难。可见，我国学者在对贫困的研究中较早就已经关注物质贫困和精神贫困两个方面的内涵。

关于贫困经历的理解，马尔门迪尔等（Malmendier et al.，2011）的研究认为，由于贫困给个体心智和行为带来的影响更为久远，贫困经历对个体的成长影响更为深刻。艾代尔等（Elder et al.，1991）认为贫困经历是个体生活所经历的特殊困难时期，包括物质缺乏、教育欠缺、突然性灾难侵袭个体等阶段。赫尔姆（Hulme，2003）将贫困经历理解为个体生活所处的贫困环境和区域贫困的氛围，贫困经历能够通过所处环境共同的价值评判标准和实践记忆影响个体。许年行和李哲（2016）的研究认为，贫困经历是指个人经历的贫困环境和贫困时段，他将贫困经历分为空间维度和时间维度两个方面。

因此，本书借鉴上述学者关于贫困经历的分析与观点描述，将贫困经历界定为个人所处的贫困环境、困难时期和特殊的贫困经历三个方面构成。贫困环境是指经历的物质资料缺失、收入较低的空间维度经历；经历的困难时期是指经历的物质欠缺的时间维度经历；特殊的贫困经历是指经历的精神生活欠缺、社会机会欠缺及突发性的贫困经历。

2.3.2　贫困经历的内容构成及测量

关于贫困经历的测量问题，相关研究较少，因为对于贫困经历的界定学术界一直存在较大的争议，也是一直难以解决的问题。由于贫困经历的本质是多方位的，贫困的概念界定也会随着时间的变化而发生变化。对于贫困经历的分类和测量问题研究，国内外仅有的文献普遍都是从贫困经历的基本内容构成入手，提出测量贫困经历的方案。阿玛蒂亚·森（1998）尝试性地对贫困的概念维度进行测量，并打破了传统对贫困概念界定的局限，提出了能力剥夺（缺乏维持最低标准的体面生活能力）和社会排斥两个维度的内容体系，以此为基础，他继续将这两个维度的指标细化，将未成年死亡率、营养不良和文盲作为能力剥夺的替代指标，将在社会生活中遭遇到的各种排斥比如劳动力市场排斥、性别排斥和健康保护排斥等作为社会排斥的替代指标。我国学者鲜有对于贫困和贫困经历的测量方法研究，在仅有的几篇文献中，王艳萍（2006）通过两类指标衡量贫困，她将贫困度量为由贫困的标准和贫困的程度两个维度组成的指标体系，基于这两个维度的指标，她又将贫困标准和贫困的程度细化为分项指标，然后得出综合判断得分。比较有代表性的对贫困经历的度量研究来自许年行和李哲（2016）的研究，他们将贫困经历界定为早期所处的贫困环境和三年困难时期经历（主要指由于物质生活欠缺导致的困难经历）。

2.3.3　高管贫困经历与企业社会责任

汉姆布瑞克（1984）首次提出了高层梯队理论，他们认为，企业高管在实际工作中并非经济学假设的"完全理性人"，企业高管的决策与管理往往受认知能力、价值观和道德情感的影响，而高管的个人经历在一定程度上影响高管个人的认知水平、价值观和道德情感。行为金融学也认为，企业高管通常都是感性的。高管的管理风格可以反映在企业管理和企业决策行为当中，其人生经历、职业经历都会影响企业管理政策。詹雷和刘进进（2016）的研究认为个人的人生经历诸如个体经历的经济困难或经济动荡对个体风险厌恶有着持续的影响，贫困经历往往会使个人投资更加保守，资本支出和科技研发投入减少，经历过大萧条时期的高管往往选择更为保守的企业政策，竭力地减少企业负债。从职业经历来看，巴克和穆勒（Barker and Mueller，2002）的研究发现，拥有技术类工作背景的高管往往比拥有经济和财务类工作背景的高管更倾向于支持企业的科技研发。有过军人经历的高管，其往往拥有冒险主义的特征，更倾向于企业并购行为、短期负债和盈余预测，这与军人在部队锤炼所得到的自信心和意志力有关。

关于贫困经历对企业社会责任的影响。按照荷兰著名心理学家霍夫斯泰德的观点，有过贫困的高管更容易表现出社会服务的思想。巴斯顿和斯林斯（1991）的研究认为，只有源自亲身经历所形成的真实道德情感社会责任活动才算得上是真正意义上的社会服务。创伤经历往往能够在很长的时间内对个体行为产生影响（Holman and Silver，1998），而马尔门迪尔等（2011）的研究认为，由于贫困给个体心智和行为带来的影响更为久远，因此，贫困经历对个体价值观和同情心的塑造有重要的影响，有过贫困经历的高管，其内心的道德情感更容易被触动，更能够设身处地地为他们着想，表达自己关心与支持的情感，发自内心履行社会责任的意识也越强，因此履行社会责任的积极性越高。

2.3.4　相关研究述评

已有研究从贫困经历的内涵、贫困经历的内容构成测量和贫困经历与企业社会责任的关系进行了探讨和分析，通过已有文献研究可以发现，相关贫困经历的研究文献并不多，并且主要针对贫困及贫困经历的理论描述。但是已有文献给了本书研究启发，带来的启示为以下几个方面。

（1）关于贫困的内涵，已有研究从物质匮乏和精神生活空缺两个角度分析了贫困的含义，这为本书研究提供了基础理论支持，本书借鉴最新的研究成果，对贫困及贫困经历的内涵有了更深入的理解，这也为本书关于贫困经历概念的界定做好了铺垫。

（2）关于贫困经历的测量问题是当前研究的一个难点，虽然已有的相关研究并不多，但是相关的研究成果中关于贫困经历的内容构成与概念解释，对本书关于贫困经历的分维度度量提供了思路借鉴。

（3）已有研究文献初步分析了关于贫困经历和企业社会责任的关系，并得出了一些有价值的研究结论，这些研究结论为进一步分析贫困经历影响企业社会责任履行的机理提供了借鉴。

但是，总结已有文献，当前研究仍然存在一些不足，需要进一步研究来解决和完善，具体表现在以下几个方面。

第一，贫困经历作为个体的一种特殊经历，已有研究对贫困经历的界定不够统一，不同的学者对贫困经历的划分仍然有较大的分歧，贫困经历内容体系仍然需要进一步明确。

第二，已有关于贫困经历和企业社会责任的相关研究更多地倾向于理论分析和理论探讨，分析二者之间的关系，而依托心理学深入分析贫困经历影响企业社会责任履行的具体机制的相关文献不多，相关实证研究较少。

第三，在贫困经历的度量研究方面，已有研究仅仅从物质欠缺视角度量贫困的大小显然是不够准确和全面的。随着社会经济的进步，物质贫困只是贫困的一种表现形式，诸如精神生活匮乏、教育资源和社会机会欠缺等精神贫困同样重要，在度量贫困经历的方法上，要考虑物质资料欠缺和精神生活缺乏这两个方面因素的影响。

2.4 高管影响力文献综述

2.4.1 高管及高管影响力的内涵

高管即企业的高级管理人员，来源于企业的重要经营者，按照钱德勒（Chandler，1980）的观点，企业高管是委托—代理机制的高级代理人，主要使命在于根据企业内外部环境的变化，通过政策执行确保企业组织有序、高效的持续运转。因此，一般意义上的企业高管是指在企业担任重要的职务、在企业决策过程中起主导作用的核心管理人员。在国外，通常将

CEO 作为企业高管的代表（Kaplan，1994），在一般情况下，CEO 在企业生产与经营过程中往往对企业战略与决策、政策执行与监督具有至关重要的作用。随着现代企业管理制度的不断完善，高级管理人员的职能也在发生变化，在企业管理中对企业决策产生重要影响的"CEO""总裁"或"总经理"都可以作为企业高管的代表。我国正处于转轨经济时期，我国的公司制度与西方国家有很大的差异，从制度规范上对高管人员也没有统一的界定，而在企业管理中，董事长和总经理对企业决策与政策实施的影响都较为深刻。因此，本书结合我国经济体制的转轨经济背景，并借鉴相关研究的学术观点，将高管界定为"CEO""总经理"或"董事长"。

对于高管影响力的概念界定，国内外的不同的学者给出了不同的见解，迄今为止尚未有一个标准概念。在国外的相关研究中，贝恩森（1998）的研究认为，高管的影响力（executive influence）代表了高管丰富的实战经验和阅历，高管影响力越大，越有利于企业营销和利益相关者关系的处理。布拉默（2004）的研究认为，高管影响力是指高管在经营管理中所体现的个人管理和决策能力，高管影响力越大，企业越容易获得发展的优势，保持持续成长的能力越强。格雷姆等（Graham et al.，2015）的研究认为，高管影响力代表了企业的行业认可，社会对企业的业务了解主要是从对高管的印象开始，高管的影响力越大，企业的行业认可度越高。哈恩（Hahn，2015）的研究认为，高管影响力是不同企业交易双方获得经济利益的基础，是高管在交易过程获得的社会声誉。在国内的相关研究中，刘文阶（2006）的研究认为，高管的非权力影响力包括高管所掌握的资源优势和有效的关系网络。吴琼和施建军（2009）的研究认为，高管的影响力是指高管通过自己内在的素质和外在形象表现，影响企业组织和外部成员心理和行为的作用力。李文贵和邵毅平（2017）的研究认为，在我国转轨经济背景下，高管的政府任职经历对高管的薪酬和影响力的提升也有重要影响。

因此，总结已有研究，结合我国转轨经济背景，本书认为，高管影响力是指企业总经理或董事长在职业发展过程中获得的企业内部威信和外部认可，参考已有研究关于高管影响力的论述，本书将高管影响力界定为由高管荣誉、行业影响力、企业影响力和政府关系四个方面组成的影响力。

2.4.2 高管影响力的内容构成及测量

关于高管影响力的测量问题研究，国内外相关的研究文献并不多。从仅有研究文献来看，国内外学者对高管影响力的测量主要是基于影响力的内涵或内容体系。

基于高管影响力内涵测量研究中，已有研究主要是通过对高管的权利影响力和非权利影响力，比如高管的职位大小、行为习惯、品格因素、知识积累、情感认知这些基本构成展开。钱德勒（1980）将高管的权利影响力度量由职位大小、行为特点、管理能力三个方面组成，并基于这三个一级指标形成细化指标，然后形成量表进行打分。基普尼斯等（Kipnis et al.，1990）按照高管的权利和非权力影响力因素，在搜集了高管如何影响组织成员的三百多种方法后，经过整理，设计出了一个包括五十八项题目的问卷，然后利用这些问卷调查高管使用实施这些影响力的频率，以此来测量高管影响力的大小。布拉默（2004）将高管影响力度量为由高管的专业知识、人际交往能力、行为品德等几个方面组成的个人能力。他们采用定性和定量相结合的方式对高管影响力分项指标分别赋值，以此考察对组织的发展影响。我国学者关于高管影响力的测量相关研究较少，仅有的几篇文献也多参考国外相关的研究与测量方法。孙海法（1998）在对高管的影响力进行测量时，沿用了基普尼斯等人的基本测量方法，用高管的行为发生频率进行度量，同时根据中国文化，删除或补充了一些分析指标。谢小非和陈文锋（2002）则从高管的个人风格、权利规范和对外关系三个维度组成了管理者影响力的测量指标。

随着现代通信技术的发展，对于高管影响力的测量又出现了一些新的方式，比如利用媒体报道的数据作为高管个人影响力的大小，比如选用新闻搜索功能搜索高管姓名和企业名称，以计算的高管个人相关的累计新闻报道次数作为高管影响力的测量指标。选用高管任期内所在企业的无形资产为高管影响力的测量指标。也有相关研究以高管任期内获得的各项奖项荣誉作为高管影响力的测量指标，比如选取高管任期内获得的各级获奖、入选排行榜等作为衡量高管影响力的指标。

2.4.3 高管影响力与企业社会责任

关于高管影响力与企业履行社会责任之间的关系问题的探讨，国内外学者分别从不同的理论视角分析了高管影响力对企业社会责任履行的影响。庞兹等（Ponzi et al.，2011）的研究认为，高管在企业管理和决策过程当中与利益相关者之间存在复杂的博弈关系，从企业长期发展战略视角出发，履行社会责任不仅对高管个人成长还是对企业可持续发展都有利。史蒂芬等（Steven et al.，2015）的研究认为，高管在社会公众面前的影响越大，社会对企业和高管的期望也越高，高管履行社会责任有利于在社会公众面前展示企业形象，也有利于维护高管个人的影响力。社会影响力较大的高管努力经营企业，除了获得报酬以外，往往还希望通过履行社会责任获得外界的认可和经理人声誉。衣凤鹏和徐二明（2014）的研究认为，在我国特殊的经济体制下，企业肩负着可持续发展的使命，企业的可持续发展离不开政府资源的支持，高管积极推进企业履行社会责任，有利于企业与政府关系的维护处理，有助于提升高管的政府形象，进而有利于为企业争取可持续发展需要的资源。

也有一部分学者实证研究了高管的政治影响力、行业影响力和企业社会责任的关系。贾明和张喆（2010）的研究认为，有一定的政治影响力的高管所在企业来自社会的期望更高，企业面临的社会责任压力也更大，高管的政治影响力越大，企业承受的社会责任压力也越大，企业社会责任实践活动表现也越好。有一定政治关联的高管所在企业受到的政府关注也越多，包括领导视察、领导的批示也较多，政府对企业的期望往往使企业从战略管理便开始重视社会责任工作，为了提高自身的"可见性"而积极履行社会责任。衣凤鹏和徐二明（2014）以中国 182 家上市公司进行实证检验发现，高管政治关联能够起到传递政府等利益相关者压力的渠道作用，而履行社会责任是企业回应这种压力的有效途径。关于行业影响力对企业社会责任的影响关系，柯提尔（Cottrill，1990）的研究指出，企业的行业影响力越大，意味着企业的行业竞争力越强，出于维持行业竞争力和企业形象的需要，企业会积极履行社会责任，他这一研究观点也得到了坎贝尔（2007）的研究观点的支持，高管在行业的地位越高，那么高管所在的企业受到来自社会的重视程度也越高，社会的关注和期望给企业的社会责任压力也更大。

2.4.4　相关研究述评

已有研究从高管影响力的内涵、高管影响力的测量和高管影响力与企业社会责任的关系进行了理论分析，给本书研究带来的启示为以下几个方面。

（1）关于高管影响力的内涵，已有研究从高管的权利影响力和非权力影响力两个角度分析了高管的影响力的含义，这为本书研究提供了理论支持，本书在已有研究的基础上，对高管影响力的内涵有了更深入的理解，这也为本书关于高管影响力概念的界定做好了铺垫。

（2）关于高管影响力的测量问题一直是当前研究的一个难点，相关研究并不多，已有的文献研究关于高管影响力分维度的测量方法虽然较少，但是也给本书研究的变量测量提供了思路借鉴。

（3）已有研究分析了高管影响力对企业决策产生的影响，这为本书关于高管影响力和社会责任的关系探讨和理论分析做好了理论铺垫和准备。

当前研究仍然存在一些不足，需要进一步研究来解决和完善，具体表现在以下几个方面。

第一，已有关于高管影响力和企业社会责任的相关研究更多地倾向于对二者之间关系的理论分析和理论探讨，而深入分析高管影响力对企业社会责任履行的具体影响机制的相关文献较少，并且几乎还没有开展高管影响力与企业社会责任关系的实证研究的文献。

第二，在高管影响力的度量研究方面，已有研究仅仅从高管个人的素质层面比如高管专业背景、管理能力、品德能力等几个层面来测量高管影响力的大小显然是不够准确和全面。高管作为引领企业发展的核心人物，高管的影响力不仅仅体现在自身的素质和对企业内部下属的权威，还应该体现在包括高管的在其他阶层诸如行业影响、政治影响和社会知名度等多方面。

第三，已有文献在探讨高管影响力和企业社会责任的关系问题，主要是基于委托—代理理论和经济人假设探讨高管的企业决策行为，把高管定义为"经济人"。而激励理论和社会人假设认为，当高管满足了物质需求和社会尊重需要以后，往往会有更高层次的需求来实现人生价值。因此，影响高管履行社会责任积极性的因素除了物质利益以外，还有社会因素和价值观的影响。

第 3 章
媒体报道、高管成长经历对企业
社会责任履行的影响机理分析

    关于企业履行社会责任的动因和影响因素问题，一直以来都是理论界和实务界关注较多的话题。从已有的研究来看，学术界主要是从企业内部因素和企业外部因素两方面视角分析了企业社会责任的动因，那么除了已有研究所论述的企业社会责任履行动因以外，是否还存在其他动因？这些因素影响企业社会责任履行的机理是什么？仍然需要通过进一步的理论和实证研究寻找答案。本章正是为回答这一问题，通过分析企业履行社会责任的动因，探讨哪些内、外部因素会对企业履行社会责任产生影响，并得出企业社会责任履行存在的"利他性"动因因素，以此为基础，通过构建理论和概念模型，分析高管的个人影响力和早期贫困经历对企业社会责任履行的影响途径与机理，为实证研究提供理论支撑。

3.1 企业社会责任履行的动因分析

    卡罗尔关于企业社会责任的早期观点认为，企业通过合法的生产与经营，首先要满足企业经济责任的基本要求，为股东创造价值并实现盈利。因此，从表面上看，对企业来讲，企业的社会责任战略投入对股东价值不利，从股东价值最大化理论来看，这与企业委托—代理理论相悖。相关的学者将企业履行社会责任的主要动因归于有利于企业经济发展的内在驱动动因，以及符合制度规范和外部需求的企业外部压力。

3.1.1　企业社会责任履行的企业内部动因

布兰科和罗德里格斯（Branco and Rodrigues，2006）基于经济学的视角研究认为，企业积极履行社会责任既可以给企业带来内部利益，比如提高员工的士气和忠诚度、提高吸引和保留人才的能力和增强企业进入新市场的机会等，同时，企业通过履行社会责任，还可以提高企业的品牌影响力和企业声誉（reputation），有利于企业的品牌推广战略和销售。谢佩洪（2008）研究认为，履行社会责任可以增强企业资源使用效率、减少资源浪费，有利于企业获得更多的发展资源，提高企业竞争力。也有学者分析了企业社会责任和公司业绩的关系，并得出了新的研究结论。肖海林和薛琼（2014）基于我国 224 家上市公司的数据研究发现，在有效的公司治理模式下，企业积极履行社会责任对企业的绩效产生积极的正向影响。王文成和王诗卉（2014）实证研究证明社会责任战略投入与企业绩效二者相辅相成，相互促进。但也有一些学者对企业社会责任能够提高企业的绩效的结论表示怀疑，马戈利斯和沃尔什（Margolis and Walsh，2003）、郭红玲（2006）的研究结果表明二者之间的关系并不稳定，针对出现的这一问题的解释，姜志峰（2011）的研究认为，社会责任战略投入获得的财务效应往往属于"隐形"与长期性的，存在一定的"滞后性"，短期的财务效益提升并不明显。

3.1.2　企业社会责任履行的企业外部动因

企业履行社会责任的制度压力源自法律法规、利益相关者压力、竞争压力和社会契约方。法律法规压力的观点认为，一方面，企业的行为必须要合法合规。卡罗尔在他所创建的金字塔模型中强调，企业的生产与经营首先要合法，合法的责任是企业社会责任的构成要素之一。另一方面，企业积极履行社会责任也是为了迎合规制的需求，在很多欧美发达资本主义国家，履行社会责任是国家的法律要求，属于强制性企业活动。利益相关者压力观认为，由于企业的利益相关者对企业的生产经营活动具有重要的作用，因此，当企业存在侵害利益相关者的利益时，利益相关者往往会给企业带来外部压力。竞争压力观认为，企业要在激烈的市场竞争中占有一席之地，必须要做出有利于社会期望的一些改变，不断增强企业的社会声誉和企业形象，尤其对新进市场的企业更是如此。社会契约方压力观认为，企业社会责任行为也有可能是迫于讨好媒体机构、迎合政府需求等。比如在我国，2011 年轰动全国的某知名企业"瘦肉精"事件以及近些年的央视"3·15"晚会曝光的各种侵害消费者事件，这些事件被媒体曝光以后，相关企业迫于各方的压力及时做出积极回应，花大力气整改，强化过程管理与监控，为重新树立企业形象积极努力。

企业履行社会责任的伦理道德压力主要来自社会规范，即企业通过合法的生产与经营获取利润以后，要能够服务社会履行社会义务。按照彭钰和陈红强（2015）的观点，企业不仅仅是经济组织，同时也是社会组织，在关注自身经济利益的同时还需符合社会道德规范。伦理道德压力不同于法律法规的强制性约束，它是企业的"自觉性或习惯性"行动，企业应当以社会责任为己任，把履行社会责任当作企业生产与经营过程中的一项常规工作，起到引领和带动作用，展现企业合法社会公民形象，为企业赢得社会声誉，有利于增加企业的"声誉"无形资产。

3.2　媒体报道对企业社会责任的影响机理

3.2.1　基于声誉机制的影响机理分析

关于声誉对高管的影响，法玛和詹森（1983）认为，职业经理人在职业生涯过程中存在维护自身声誉的需要，一个好的经理人声誉可以获得未来的经理人收益。我们通常认为，高管作为企业重要的决策者和政策的实施者，高管的行为与决策不仅仅会影响在股东心中的声誉，而且对于那些影响力较大的高管来说，其企业决策也会影响在利益相关者和社会大众面前的声誉。贝斯利和普拉特（2001）认为，高管的政治联系往往也会让他们为了维护自身声誉而采取有利于社会的行动，以维系自身的政治生

涯。韦斯特（2002）认为，随着媒体技术的进步，新闻媒体更是强化了
企业高管的信息公开和声誉惩罚机制，高管和利益相关者的信息不对称的
局面在减弱，高管的社会影响力越大，因负面信息给高管带来的形象受损
越大，给企业带来的损失可能性越大。戴克和津加莱斯（2008）在研究
企业经理人员的声誉成本和收益时，构建了经理人员声誉成本、法律惩罚
和私人收益的模型，从模型中可以看出，当经理人员的冒险行为导致的声
誉成本和受到的处罚过大时，经理人员必须做出有利于利益相关者的决策
和改变，才能挽回声誉，通过分析给出了私人收益和声誉惩罚模型：

$$E(私人收益) < E(声誉成本) + E(法律惩罚) = \sum P_i \times RC_i + \pi p$$

其中，P_i 是如果企业经理人员出现损害社会利益的行为时社会公众对
经理人员侵害行为作出反应的概率；RC_i 是由于经理人员的冒险行为造成
的侵害行为所产生的声誉成本；P 是由于经理人员的冒险导致的侵害行为
产生的惩罚损失。

可见，高管在企业的决策和管理过程中是存在声誉维护需要的，高管
影响力越大，往往对来自外界的声誉评价也越敏感，当企业面临社会责任
需求的时候，企业回应社会需求的积极性也越高，而高管通过履行社会责
任，既可以展现高管的社会公众形象，又能提升企业的品牌价值（Gra-
ham et al.，2015），同时，对于维护高管个人声誉、提高个人的公众形
象，以及对于企业价值的提升都具有重要作用。

3.2.2 基于行政介入机制的影响机理分析

已有研究认为，关于媒体的公司治理作用机制，必须要充分考量不同
国家、经济发展的不同阶段时媒体对公司治理的影响机制是否一致。媒体
的公司治理作用机制还可以通过行政介入实现。比如，对于经济和社会正
处于转型期的中国，媒体对于中国国有控股的公司治理作用机制不是靠声
誉机制实现的，声誉机制在约束转型期中国国有控股公司企业管理者行为
方面作用有限，这是因为国有股权在公司所有权结构中占有庞大的比重，
在我国，只有 17.63% 的上市公司经理层是通过竞争方式产生的，国有控
股企业高管不会因为经营不善而被降低行政级别待遇（李培功和沈艺峰，

2010）。在民营企业中，职业经理人市场还不是很规范，职业经理人市场评价还在探索，经理人市场表现出不成熟性和缺乏稳定性的特点，在这种背景下，媒体影响公司治理的作用机制就不能完全依靠声誉机制了。当一个国家处于经济转型期，通过行政介入比其他治理措施更加有效，行政介入可以成为保护上市公司利益相关者有效的机制（Prat and Stromberg, 2011）。媒体的曝光提高了行政介入公司治理的可能性，对于国有企业，媒体关注引起行政介入，国有企业高管的政治前途势必会受到影响，对于民用企业，民用企业为了保持与政府的关系也会积极配合行政部门介入，改正违规行为。

因此，媒体报道可以通过消除了信息的不对称，引起上级行政部门的关注，从而促使相关行政机构通过行政介入调查企业违规行为，促使违规企业改正违规行为。

3.3 贫困经历对企业社会责任履行的影响机理

3.3.1 高管价值观对企业社会责任履行的影响

价值观是社会心理学领域的一个重要的概念。关于价值观的定义，克拉克洪（1951）将价值观定义为一种内隐和外显的有关什么是"值得的"的看法，它通过影响人的行为方式而影响行为目的选择。辛杰和吴创（2015）的研究认为，高管的个人特质能够对企业管理决策产生直接影响，企业社会责任战略和实施同样与企业高管的价值观与思想行为存在密切的联系。国内外的研究表明，高管价值观会对包括企业社会责任决策在内的企业组织战略产生直接影响。波斯特（1998）认为，高管作为企业政策的主要制定者和执行者，很大程度上可以决定企业的政策方向和基调。乌尔曼（Ullmann, 1985）认为，高管（或企业家）对社会的态度和对社会的看法将直接影响企业的社会责任决策，如果高管对社会的态度是持同情心的，那么企业会投入更多的社会责任。如果高管对社会的态度是冷漠的，那么所在企业在社会责任方面的投入将减少。穆代科（Mudrack，2007）的研究同样认为，高管的个性和思维方式会直接影响所在企业的社会责任投入。

在我国的相关研究中，何志毅（2007）认为，社会责任是判断企业家精神的重要标准之一。王晶晶和杨洁珊（2010）认为，作为企业核心领导地位的高管，高管的价值观对企业社会责任战略决策具有决定性的作用。姜志华（2011）实证研究了高管价值观影响企业社会责任履行的机理，研究认为，高管价值观对企业社会责任履行的影响主要是通过高管对企业社会责任环境的感知实现的，高管所面对的企业社会责任战略决策环境主要是企业利益相关者。邓丽明和郭晓虹（2012）基于卡罗尔建立的四维度社会责任模型，构建了正处于转轨经济背景的我国企业社会责任三维度测量模型，同时，她们还在研究中发现，高管社会责任认知程度存在差异。同样，辛杰和吴创（2015）的研究也认为，社会责任价值取向直接受高管的社会责任感知程度的影响，并直接影响企业社会责任履行程度，如图 3 - 1 所示。

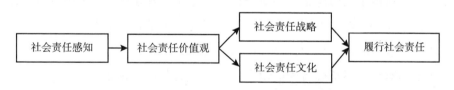

图 3 - 1　高管价值观对企业社会责任的影响机理

总结已有的研究成果，从高管价值观对企业社会责任履行的影响过程来看，高管的个性形成、思维方式、价值观几个因素对驱动企业社会责任的实施具有重要作用。

3.3.2　道德与情感对企业社会责任履行的影响

巴斯顿和斯林斯（1991）的研究指出，源自亲身经历形成的道德与情感认知对企业高管履行社会责任的影响较大。从道德的角度分析高管履行社会责任活动时，可以理解为履行社会责任是对社会规范的遵从。社会责任感是新时期赋予高管的基本责任感悟，跟国外欧美发达国家将履行社会责任看作法律强制性要求不同，我国高管遵循社会道德规范或约定的俗成而履行社会责任属于"自律"范畴。高管之所以有这种感悟，是因为社会生活要求人们对他人、对社会负有责任心，当个体有足够的社会责任能力时，就需要承担一定的社会责任。因此，高管积极推进履行社会责任，也有遵循社会道德、符合道德规范的因素。

从情感的角度分析高管履行社会责任活动时，可以体现为以下几个方面的情感因素：第一，同情心。同情心是指能够同情别人所遭受的困难、疾苦的心理，能够体会他人经历的感情，设身处地地为他人着想。沐恩和森（Moon and Sen，2010）在研究贫困对个人的影响时就发现，经历过贫困的个人，往往更容易与遭受相同经历的人们产生共鸣，并设身处地为他人着想，尽力表达自己关心与支持的情感。第二，爱心与奉献精神。正如树立企业社会责任意识的过程中首先要培养企业的爱心与奉献精神一样，高管的爱心与奉献精神是表达自己社会责任意识的前提，只有拥有爱心和乐于奉献的精神，高管才会在内心深处理解履行社会责任的要义。第三，正义感。所谓正义感是指人们对公正、平等和人道等基本价值的内心情感认同，个人对社会的不公平、不平等的深刻认识能够激发正义感，当有了资源支配能力时便会尽力消除社会的不公平和不平等。第四，羞耻感。主要表现为对社会不道德行为的谴责，对损害他人利益的批判，并通过自己的身体力行，为别人树立榜样。

因此，与高管履行社会责任的经济动因、制度约束和外部压力不同，高管个人经历所形成的道德和情感认知而产生的企业社会责任活动才算是真正意义上的社会责任活动，是高管发自内心的、真情实感的表达，是符合现代经济发展要求、符合社会主义核心价值观的社会活动。

3.4 高管影响力对企业社会责任履行的影响机理

高管作为企业的形象代表，高管对企业社会责任履行具有重要的主导作用。相关研究认为，有一定影响力的高管，在企业管理与决策、个人形象维护方面要考虑的因素更多，积极推进企业履行社会责任的动力也更为强烈。已有研究从不同的理论视角分析了高管影响力对企业社会责任履行产生的影响，并基于博弈理论以及激励理论分析了有一定影响力的高管在推动企业社会责任履行方面的作用机理。

3.4.1 基于博弈理论的影响机理分析

博弈论解决的主要问题是各主体行为发生时产生的相互联系而面临的决策问题，博弈论往往以对多方有利为原则，实现均衡决策为目标。均衡决策则强调了参与博弈的各主体之间行动路径的相互依存，冲突或合作的结果不仅取决于自身所采取的策略，往往也依赖于对方的行动方案。

基于博弈理论分析高管的企业决策行为时，已有文献基于均衡博弈视角，分析了高管企业决策过程的博弈行为，研究认为履行社会责任是高管处理与政府、社会、投资者等利益相关者等关系的最佳博弈策略。庞兹等（2011）基于博弈理论研究高管的企业决策行为时认为，高管影响力的建立和维护是高管与利益相关者长期复杂博弈的结果，而履行社会责任则是高管处理这种复杂博弈关系的有效策略。章辉美和邓子纲（2011）通过分析企业与政府、社会的动态博弈模型后发现，企业履行社会责任能够获得三方利益最佳平衡点。王宝英（2011）的研究高管博弈行为时认为，当高管的社会责任决策发生时，消费者更愿意购买"有责任"的产品，供应商的合作意向更强烈，企业更容易获得政府的政策支持，最终股东也会投入更多的资金。斯蒂芬等（2015）的研究认为，CEO 的影响力越大，在处理与利益相关者关系时越懂得研究与利益相关者之间的博弈行为，以求得最佳的利益策略，他在研究中发现，拥有较大影响力的 CEO，能够通过塑造社会责任形象来展示企业品牌形象，以此为企业长期发展获得资源与竞争优势。

为验证上述结论，分析高管和利益相关者的博弈关系，本章建立了博弈模型，分析高管和利益相关者在社会责任决策中的博弈关系。

3.4.1.1 博弈双方的基本假设

为了更好地分析高管社会责任决策与企业利益相关者之间的博弈关

系，提出如下假设。

（1）高管的企业决策行为和利益相关者的投资都是有限理性的。

（2）博弈双方均有两种不同的策略选择。高管的策略选择是"履行社会责任"和"不履行社会责任"；利益相关者的策略选择是"投入社会责任"和"不投入社会责任"。

（3）设在利益相关者群体中，选择"投入社会责任"的概率为 x，选择"不投入社会责任"的概率为（$1-x$）；同理，高管选择"履行社会责任"的概率为 y，选择"不履行社会责任"的概率为（$1-y$）；高管与利益相关者间的策略组合如表 3 - 1 所示。

表 3 - 1　　　　　　　　　　高管与利益相关者间的策略组合

利益相关者 ＼ 高管	履行社会责任	不履行社会责任
投入社会责任	（投入，履行社会责任）	（投入，不履行社会责任）
不投入社会责任	（不投入，履行社会责任）	（不投入，不履行社会责任）

3.4.1.2　博弈双方的函数

（1）参数说明。利益相关者有投入社会责任和不投入社会责任两种选择，高管有履行社会责任和不履行社会责任两种选择。因此，利益相关者和高管一共有四种博弈策略组合。相关参数定义如表 3 - 2 所示。

表 3 - 2　　　　　　　　　　　　主要参数及定义

参数	定义
$C_1(I_1)$	高管选择履行社会责任的成本（收益）
$C_3(I_3)$	高管没有选择履行社会责任的成本（收益）
$C_2(I_2)$	利益相关者投入社会责任的成本（收益）
$C_4(I_4)$	利益相关者不投入社会责任的成本（收益）
U_1	利益相关者投入社会责任的期望收益

参数	定义
U_2	利益相关者不投入社会责任的期望收益
U_3	高管选择履行社会责任的期望收益
U_4	高管没有选择履行社会责任的期望收益

（2）支付函数。假设利益相关者选择投入社会责任的概率为 x，高管选择履行社会责任的概率为 y，则博弈双方包括 4 个纯策略，其战略空间为 $S = \{x, y\}, \{x, 1-x\}, \{1-x, y\}, \{1-x, 1-y\}$，双方的支付函数如表 3-3 所示。

表 3-3　　　　　　　　　高管与利益相关者的博弈矩阵

主体		高管	
		策略 1（履行社会责任）	策略 2（不履行社会责任）
利益相关者	策略 1（投入）	$I_2 - C_2, \ I_1 - C_1$	$I_4 - C_4, \ I_3 - C_3$
	策略 2（不投入）	$0, \ -C_1$	$0, \ 0$

（3）期望收益函数。

第一，利益相关者的期望收益。利益相关者投入社会责任的期望收益为：

$$U_1 = y(I_2 - C_2) + (1-y)(I_4 - C_4) = y[(I_2 - C_2) - (I_4 - C_4)] + I_4 - C_4$$

利益相关者不投入社会责任的期望收益：

$$U_2 = y \times 0 + (1-y) \times 0 = 0$$

利益相关者的平均期望收益：

$$\overline{U_1} = xU_1 + (1-x)U_2 = xy[(I_2 - C_2) - (I_4 - C_4)] + x(I_4 - C_4)$$

由上述利益相关者的期望收益得出在投入社会责任情形下的复制者动态方程为：

$$F(x) = \frac{dx}{dt} = x(U_1 - \overline{U_1}) = x(1-x)[y(I_2 - C_2) + (1-y)(I_4 - C_4)]$$

$$F'(x) = (1 - 2x)\left[y(I_2 - C_2) + (1 - y)(I_4 - C_4)\right]$$

第二，高管的期望收益。高管选择履行社会责任的期望收益为：

$$U_3 = x(I_1 - C_1) + (1 - x)(-C_1) = xI_1 - C_1$$

高管没有履行社会责任的期望收益：

$$U_4 = x(I_3 - C_3) + (1 - x) \times 0 = x(I_3 - C_3)$$

高管的平均期望收益：

$$\overline{U_2} = yU_3 + (1 - y)U_4 = xy(I_1 - I_3) + x(I_3 - C_3) - yC_1 + xyC_3$$

由上述高管的期望收益，可得出高管在履行社会责任情形下的复制者动态方程：

$$F(y) = \frac{dy}{dt} = y(U_3 - \overline{U_2}) = y(1 - y)\left[x(I_1 - I_3 + C_3) - C_1\right]$$

$$F'(y) = (1 - 2y)\left[x(I_1 - I_3 + C_3) - C_1\right]$$

第三，利益相关者的复制者动态方程分析。当 $F(x) = 0$ 时，解得 $x_1 = 0$；$x_2 = 1$；$y^* = \dfrac{C_4 - I_4}{I_2 - C_2 - I_4 + C_4}$①，即利益相关者复制者动态方程的两个可能的稳定状态点为 $x_1 = 0$；$x_2 = 1$。根据复制者动态方程的稳定性定理和演化稳定策略的性质，x 为演化稳定策略时满足：$F(x) = 0$，$F'(x) < 0$。由于 $F(0) = 0$，$F'(0) > 0$，$F(1) = 0$，$F'(1) < 0$，因此，$x_2 = 1$ 是全局唯一的演化稳定策略。

第四，高管的复制者动态方程分析。同理，当 $F(y) = 0$ 时，解得 $y_1 = 0$；$y_2 = 1$；$x^* = \dfrac{C_1}{I_1 - I_3 + C_3}$②。当 $x > x^* = \dfrac{C_1}{I_1 - I_3 + C_3}$ 时，$y_1 = 0$ 和 $y_2 = 1$ 是 y 的 2 个可能稳定状态点，由于 $F(0) = 0$，$F'(0) > 0$，$F(1) = 0$，$F'(1) < 0$，因此，$y_2 = 1$ 是全局唯一的演化稳定策略。

3.4.1.3 博弈结论

通过有限理性条件对高管与利益相关者两个主体的博弈行为分析，博弈双方的策略选择与自身的收益以及对方的策略选择相关。由演化稳定策

---

① y^*：x 处于演化稳定策略时高管选择投入社会责任的概率。
② x^*：y 处于演化稳定策略时利益相关者选择支持社会责任的概率。

略分析可知，利益相关者投入社会责任的积极性与投入后的收益 $I_2 - C_2$ 正相关，并且受高管选择履行社会责任策略的影响。同时，高管选择履行社会责任的积极性与收益 $I_1 - C_3$ 正相关，并且受利益相关投入社会责任策略的影响。由博弈双方复制者动态方程分析可知：$x_2 = 1$ 和 $y_2 = 1$ 是全局有利于双方收益的唯一的演化稳定策略，即积极履行社会责任是有利于高管和利益相关者实现多方共赢的最佳策略，履行社会责任既是企业可持续发展的需要，又是高管处理与多方利益相关者关系的需要，验证了已有研究结论的正确性。

3.4.2　基于激励理论的影响机理分析

高管作为影响企业决策和政策执行的关键人物，高管的个人成就和职业高度对高管的企业决策和未来规划产生影响。激励理论认为，当高管达到了一定的职业生涯高度，拥有独特的资源支配能力，当满足了物质基本需求，获得了情感和归属上的需要，并受到了公众的尊重以后，往往会有更高的目标追求转化为自己奋斗的动力，只有获得更高层次的需要才可以实现人生价值和人生理想，而作为公司的高管，要想成为社会所期望的人物，选择服务社会、履行社会责任则是高管实现最高层次需要的最佳途径。这一点可以通过马斯洛需求层次理论得到解释，马斯洛理论将人的需要分为五个层次，依次由低到高排列。第一层次的生理需要是满足人基本生存所必须的需要；第二层次是满足了生理需要以后，个体还希望能够实现人身财产安全、身体健康保障、工作保障等安全上的需要，这类需要是个体赖以在社会上立足的基础；第三层次是当满足了安全需要以后，个体还希望能够实现情感和归属上的需要，希望能够得到别人的关心和照顾，能够在社会交往中建立起自己的关系网络；第四层次的需要是尊重的需要，个体往往希望通过努力工作获得别人对他的认可与尊重，希望在群体中树立自己的威信和地位，当第四层次的需要得到满足以后，能够使个体对自己充满信心，对社会满腔热情，能够开始体会到自己的社会价值。第五层次的需要即为自我实现的需要，个体通过努力，最大化发挥自己的潜力，使自己越来越成为社会所期望的人物。

赫茨伯格（Fredrick Herzberg）提出的双因素理论同样可以支持上述的观点，他将激励个体的因素分为保健因素和激励因素两个方面，保健因素包括企业的政策、工作环境、工资待遇、福利等方面，激励因素则是能够满足个人自我实现的因素，比如工作的成就感、得到的赏识、有挑战性的工作、社会责任等。赫茨伯格认为，保健因素的满足只能消除不满意而不会导致积极的工作态度，而激励因素的满足能够给个人产生更大的工作动力。对企业高管来讲，保健因素的满足并不能给他们更大的工作成就感和更多的工作动力，只有激励因素诸如外界的认可和赏识、工作成就感和社会责任则更容易激发高管的最大个人潜能，实现人生价值。

———————————— 第 4 章 ————————————

媒体报道与企业社会责任履行实证研究

随着现代通信技术的迅猛发展，尤其是微博、微信等新媒体技术带来的网民数量急剧上升，媒体在传播信息、舆论监督方面的作用愈加明显。戴克和津加莱斯（2002）研究发现媒体报道能够通过声誉机制影响公司治理以来，国内外学者从董事会决策（Joe et al.，2009）、公司业绩（Kuhnen and Niessen，2009；王波等，2014）、行政介入（李培功和沈艺峰，2010）、高管薪酬（李培功和沈艺峰，2013）、控股股东掏空行为（李明、叶勇，2016）等多个角度证实了媒体的公司治理作用。媒体的社会服务功能要求媒体及从业人员能够对社会异常现象进行揭示与警示，媒体对上市公司商业行为的报道能够给企业带来声誉压力，迫使企业主动承认错误行为，积极承担社会责任。2017 年，央视 "3·15" 晚会多个行业企业社会责任缺失问题，多家企业及时做出积极回应，各地相关政府部门也纷纷展开行动，加大整治力度与处罚措施，可见，媒体关注对企业履行社会责任起到了重要的督促作用。

然而，在我国特殊的经济环境和制度背景下，制度环境、市场竞争、政府行为等都会对公司治理产生影响。王建琼等（2015）研究认为，良好的制度环境有利于企业持续改进，提高企业收益，进而提升公司治理水平。简（Jan，2011）研究认为，区域市场竞争压力有利于企业更加注重自身形象，促进公司治理水平的改善。李培功（2013）和季小立（2015）研究认为，在转型经济国家，政府干预对于公司行为有重要的影响。黄雷等（2016）研究认为，市场化进程对企业的公众形象有重要影响，并影响企业决策。因此，市场化进程作为影响公司治理的另一重要因素，对于促进企业履行社会责任也有重要的影响。

那么，媒体关注和市场化进程对企业社会责任影响机理和影响效果有何差异，二者间相互影响结果如何，这些问题有待于进一步理论分析和实证检验。本章研究的目的在于研究媒体关注、市场化进程以及在不同市场化进程下媒体关注与企业社会责任履行的相关性。本章主要的研究贡献为：第一，本章将深入分析作为公司外部治理方式的媒体关注和市场化进程这两个因素对企业履行社会责任的影响机理，并提出对策建议。第二，将首次实证检验媒体关注和市场化进程在影响企业社会责任履行方面是此强彼弱的替代效应还是互相促进的互补效应，因此，本章研究将进一步丰富企业社会责任影响因素的研究，可以为提升我国企业社会责任履行水平提供经验借鉴。

4.1　理论分析与研究假设

4.1.1　媒体关注与企业社会责任

从媒体的监督职能来看，一方面，媒体的监督职能对公司治理的改善具有重要作用（Dyck and Zingales，2002）。媒体作为现代社会重要的信息传播中介，既可以弘扬社会正气，宣传榜样力量，又可以揭露社会异常行为，对社会不合理现象进行批判（Bushee et al.，2007）。另一方面，媒体的公司治理机制与其他的外部治理方式有很大不同。媒体报道对公司治理的影响机制主要是声誉机制（Fama and Jensen，1983；Dyck et al.，2008）和行政介入机制（李培功和沈艺峰，2010），媒体关注往往能够形成"盯住效应"（Fernandez and Santalo，2010），媒体对企业行为进行持续的跟踪报道将使企业成为社会舆论关注的焦点，企业迫于声誉压力和政府介入压力必须做出积极回应，改正错误行为，承担社会所期望的责任。

在我国市场经济快速发展的同时，如何有效地推动企业主动承担社会责任已成为一个重要的社会议题。企业生产经营的主要目的是为股东创造价值，承担社会义务会造成企业生产成本的增加或利润的减少，因此，企业是缺乏履行社会责任的动机的。从已有文献研究来看，驱动企业履行社会责任的动因主要来自经济发展、制度安排、道德规范和外部压力。经济动因的观点认为，企业主动承担社会义务主要是为了提升自身品牌形象和公众印象，进而对企业争取更多外部发展资源有利（崔秀梅，2009）。制度动因的观点认为，企业之所以履行社会责任，是因为企业受到的外部制度压力，企业迫于无奈（Zyglidopoulos and Georgiadis，2012）。道德规范和压力观认为，企业履行社会责任是由于社会契约方施加的压力所致，这些压力可能来源于政府机构，也可能来源于社会公众或新闻媒体（Porter and Kramer，2006），以我国为例，不管是 2011 年某企业"瘦肉精"事件还是近年来央视"3·15"曝光的各种企业社会责任缺失事件，被央视曝光以后，随后报纸、广播、网络、电视等媒体对相关企业进行了持续追踪报道，相关企业迫于道德规范和外界压力都做出了积极回应。

因此，从媒体的监督职能和企业履行社会责任的动因来看，媒体对企业的关注越大，企业受到的声誉压力和政府介入压力越大，为了可持续发展的需要，企业往往会更愿意主动履行社会责任。基于上述分析，本章提出假设 H4a：

H4a：媒体关注度越大，企业履行社会责任水平越高。

4.1.2　市场化进程与企业社会责任

随着我国市场化进程的不断加快，市场化改革有效提高了我国经济建设效率，要素资源配置也更加科学合理。但是，市场化进程在我国不同区域仍然很不均衡（崔秀梅，2009）。对于市场化进程的理解，学者大多采用樊纲和王小鲁的观点，樊纲和王小鲁（2011）认为，市场化进程反映了一个地区政府和市场的关系，反映了市场竞争和法制环境，反映了产品市场和要素市场的发育程度，市场化进程是一系列经济、社会、法律和政治体制的改革。一般观点认为，市场化程度较高的地区，区域法制化水平较高，企业运行的市场环境较好，受到的政府干预也少，建立现代企业制度的大型公司也相对聚集，企业间的竞争更为激烈，因此，在市场化进程较高的地区，企业更有动力去维护与利益相关者的关系。

关于市场化进程与企业社会责任之间的关系，贝斯利和帕特（2006）的研究认为，在市场化程度较低的地区，因受财政收入的影响，当地政府往往存在偏袒本地企业的行为，进而弱化社会责任履行意识。坎贝尔（2007）的研究认为，企业所处的竞争环境不公平，市场秩序混乱，企业越有可能忽视产品质量和安全，做出机会主义行为。肖作平和杨娇（2011）的研究认为，法律规定了公司对其利益相关者的基本责任，良好的法律环境能够促进上市公司履行更多的责任。肖海林和薛琼（2014）的研究认为，在市场化程度较高的地区，企业面临来自金融信贷服务、人力资本需求等各方面的发展压力，促使上市公司更加重视自身声誉和形象，进而注重履行社会责任。

对于我国上市公司来讲，不同地区的市场化程度不同，其政府干预程度、法律制度环境、市场竞争环境以及要素市场的发展等都不同，总体来看，市场化进程较高的地区，政府干预较少、法律环境较好、竞争环境公平以及要素市场健全，涉及的利益相关者较多，企业面对各方面的社会责任期望越大，积极履行社会责任对企业有利。因此，基于以上分析，本章提出假设 H4b：

H4b：市场化进程越高的地区，企业履行社会责任越好。

4.1.3 媒体关注与市场化进程的交互作用

我国经济发展正处于转轨时期，作为影响企业社会责任履行的外部治理因素，媒体关注和市场化进程可能存在互补关系。原因有如下几个：第一，较高的市场化进程带来的影响是政府干预减少、市场竞争加强，此时媒体机构有更多的报道空间和报道自由，媒体报道的信息也更为及时、准确，媒体的监督作用才会更强。第二，企业履行社会责任也有出于合规管理的动机（Zyglidopoulos and Georgiadis，2012），市场化程度较高的地区，法制环境较好，要素市场发育完善，企业加大履行社会责任可以促使企业在社会、政治和制度领域更加合规化，进而为自己争取更多的发展资源，媒体对企业履行社会责任的广泛宣传与报道增加了企业在社会公众面前好的印象，有利于企业获得较好的声誉，进而触发声誉机制，发挥媒体的公司治理作用。因此，本章提出假设 H4c：

H4c：在市场化进程较高的地区，媒体关注对企业社会责任的促进作用更强。

4.2 样市选择和研究设计

4.2.1 样本选择与数据来源

本章样本以 2012～2014 年我国 A 股上市公司为研究对象，在此基础上进一步剔除：（1）ST 公司；（2）保险、金融业公司；（3）财务数据异常的公司，最终选取了 455 家上市公司作为有效样本，共计 1365 个观测值。

本章的数据来源主要有三个途径：首先，企业社会责任评分来自润灵环球责任评级公司对企业社会责任专业评测体系，市场化进程数据来自王小鲁等（2016）发布的《中国市场化八年进程报告》；其次，媒体关注的数据从知网中国重要报纸全文数据库中手工收集；最后，本章所用上市公司的财务数据来自 CSMAR 数据库和 WIND 数据库。

本章所使用的统计软件为 SPSS 22.0。

4.2.2 研究变量定义

（1）被解释变量。企业社会责任（CSR）。本章以 2012～2014 年润灵环球社会责任评级得分作为衡量企业社会责任履行的替代指标。在该评分体系中，CSR 评分越高，表示该上市公司履行社会责任越好。润灵环球企业社会责任的评测体系数据来源于上交所和深交所的上市公司发布的企业社会责任报告和年报，评价指标全面，具有客观性强、数据量大的特点，被较多学者作为研究衡量企业社会责任水平的变量。

（2）解释变量。媒体关注（MEDIA）和市场化进程（MI）。本章借鉴孔东民等（2013）对媒体关注的度量方法，从中国知网《中国重要报纸全文数据库》中选择了最具有影响力的全国性财经日报包括《证券时报》《中国证券报》《上海证券报》《证券日报》《中国经营报》《经济观察报》《21 世纪经济报道》及《第一财经日报》共计八份报纸上对上市公司的报道次数作为媒体关注的度量指标。为避免可能存在的内生性问题，采用上述报纸前 1 年有关公司的所有新闻报道数量来衡量公司的媒体关注水平，并使用"标题查询"和"主题查询"两种方式分别对样本公司的全称及简称进行搜索。

市场化进程指标，本章采用王小鲁等（2016）发布的《中国市场化八年进程报告》中提供的中国各地区 2012～2014 年市场化指数来度量市场化进程。地区市场化指数越高，说明该地区市场化程度越高，经济行为中的政府干预较少、市场竞争环境和法制环境较好，要素市场相对健全。

（3）控制变量。本章考虑公司规模（沈洪涛，2007）、财务杠杆（崔秀梅，2009）、盈利能力（沈洪涛，2010）指标对企业社会责任有重要的影响，同时借鉴现有研究，进一步选取了产权性质、上市年龄以及行业和年份作为控制变量。本章详细的变量定义如表 4-1 所示。

表 4-1 变量定义与度量

变量符号	变量名称	变量度量标准
CSR	企业社会责任	采用润灵环球数据库企业社会责任履行评级总得分
MEDIA	媒体关注	媒体对上市公司的新闻报道次数
MI	市场化进程	王小鲁、余静文、樊纲（2016）发布的《中国市场化八年进程报告》中提供的各地区市场化指数
SIZE	公司规模	总资产的自然对数
LEV	财务杠杆	资产负债率＝总负债/总资产
EPS	盈利能力	净利润/股本总额
STATE	产权性质	国有性质公司取值"1"，非国有性质公司取值"0"
LISTGE	上市年龄	上市年数
YEAR	年份	虚拟变量
INDUSTRY	行业	虚拟变量

4.2.3　研究模型构建

为检验本章提出的研究假设 H4a 和假设 H4b，本章构建如下模型（4-1）和模型（4-2）：

$$CSR = \beta_0 + \beta_1 MEDIA + \beta_2 SIZE + \beta_3 LEV + \beta_4 EPS + \beta_5 STATE + \beta_6 LISTGE$$
$$+ \beta_7 YEAR + \beta_8 INDUSTRY + \varepsilon \qquad (4-1)$$

$$CSR = \beta_0 + \beta_1 MI + \beta_2 SIZE + \beta_3 LEV + \beta_4 EPS + \beta_5 STATE + \beta_6 LISTGE$$
$$+ \beta_7 YEAR + \beta_8 INDUSTRY + \varepsilon \qquad (4-2)$$

为了检验本章的假设 H4c，本章构建如下模型（4-3）：

$$CSR = \beta_0 + \beta_1 MEDIA + \beta_2 MI + \beta_3 MEDIA \times MI + \beta_4 SIZE + \beta_5 LEV + \beta_6 EPS$$
$$+ \beta_7 STATE + \beta_8 LISTGE + \beta_9 YEAR + \beta_{10} INDUSTRY + \varepsilon \qquad (4-3)$$

4.3　实证检验及分析

4.3.1　变量的描述性统计

由表4-2的描述性统计结果可知，样本企业社会责任评分最高值87.95，最小值是15.12，均值38.04，反映出我国企业社会责任履行状况还有待提升，标准差为11.95，并且最大值和最小值差异较大，反映我国上市公司的社会责任履行水平存在较大差异。从媒体关注的数据来看，最小值为0，最大值为526，均值是41.67，标准差为66.32，不仅最大值与最小值差异较大，而且方差很大，说明不同的上市公司受到媒体关注的程度不同，不同的上市公司受到媒体报道的次数存在较大差异。市场化进程水平最大值为9.95，最小值是0，均值为7.76，标准差为1.69，表明我国区域市场化进程不均衡，不同地区市场化进程差异较大，市场化进程高、低区分明显。

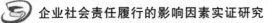

表 4 - 2　　　　　　　　　　　　描述性统计结果

变量	样本量	最小值	最大值	中位数	均值	标准差
CSR	1365	15.12	87.95	39.90	38.04	11.95
MEDIA	1365	0.00	526.00	18.00	41.67	66.32
MI	1365	0.00	9.95	8.07	7.76	1.69
SIZE	1365	20.18	28.51	22.98	23.11	1.47
LEV	1365	0.80	92.70	51.88	49.86	20.34
EPS	1365	-0.68	5.70	0.33	0.48	0.56
STATE	1365	0.00	1.00	0.00	0.48	0.50
LISTGE	1365	1.00	24.00	12.00	11.59	5.47

另外，从控制变量的描述性统计结果来看，企业规模、企业财务杠杆、企业盈利能力的最大值和最小值存在一定的差异，但是均值和中位数相差不大，说明样本公司从企业规模、盈利能力和财务杠杆方面分布比较均匀。从企业的年龄数据来看，最大值和最小值差异较大，说明样本公司在上市时间上存在较大差异，这也可能是造成以上媒体关注、企业社会责任指标差异较大的原因。从样本公司的整体描述性统计结果来看，所选样本基本合理，具有一定的代表性。

4.3.2　变量相关性分析

为了检验媒体关注和市场化进程与企业社会责任之间的关系，本章对主要变量进行了相关系数分析，相关系数分析结果见表 4 - 3。由表可知，媒体关注与企业社会责任的相关系数为 0.488，且在 1% 的水平下显著正相关，假设 H4a 可能会通过验证。市场化进程与企业社会责任相关系数为 0.172，且在 1% 的水平下显著正相关，假设 H4b 有可能会通过验证。此外，由表 4 - 3 可知各相关变量相关系数都小于 0.5，说明模型所选用的各变量之间不存在严重的多重共线性问题。

表 4 - 3　　　　　　　　　　　　　　相关系数

变量	CSR	MEDIA	MI	EPS	LEV	SIZE	STATE	LISTGE
CSR	1	—	—	—	—	—	—	—
MEDIA	0. 488 *** (0. 000)	1	—	—	—	—	—	—
MI	0. 172 *** (0. 000)	0. 058 ** (0. 032)	1	—	—	—	—	—
EPS	0. 159 *** (0. 000)	0. 208 *** (0. 000)	0. 057 ** (0. 036)	1	—	—	—	—
LEV	0. 099 *** (0. 000)	0. 160 *** (0. 000)	- 0. 004 (0. 885)	- 0. 073 *** (0. 007)	1	—	—	—
SIZE	0. 452 *** (0. 000)	0. 540 *** (0. 000)	0. 128 *** (0. 000)	0. 240 *** (0. 000)	0. 552 *** (0. 000)	1	—	—
STATE	0. 212 *** (0. 000)	0. 172 *** (0. 000)	0. 032 (0. 232)	0. 032 (0. 233)	0. 154 *** (0. 000)	0. 360 *** (0. 000)	1	—
LISTGE	- 0. 057 ** (0. 034)	0. 037 (0. 178)	0. 000 (0. 987)	0. 028 (0. 293)	0. 272 *** (0. 000)	0. 193 *** (0. 000)	0. 181 *** (0. 000)	1

注：*** 表示在 1% 水平下显著；** 表示在 5% 水平下显著；* 表示在 10% 水平下显著。

4.3.3　回归分析

全样本回归结果如表 4 - 4 所示。由模型（4 - 1）的回归结果可以看出，媒体关注（MEDIA）的系数为 0. 312，且在 1% 的水平下显著，反映出媒体关注与我国企业社会责任履行存在显著的正向关系。这说明媒体关注能够给上市公司带来压力，企业迫于政府、市场和自身发展的压力，会积极履行社会责任，改善与外界的关系。媒体关注度越高的公司，企业履行社会责任越好，由此，假设 H4a 得到验证。

模型（4 - 2）的回归结果显示，市场化进程（MI）的系数为 0. 101，这说明市场化进程与我国上市公司社会责任履行存在正相关关系，且在 1% 的水平下显著。对于我国不同地区的上市公司来说，每个地区的法制环境、竞争环境、政府干预以及要素市场发展等都存在较大差异。在市场化程度高的地区，政府干预较少，法规制度相对完善，市场竞争氛围浓厚，资源分配由政府干预转向市场主导，在"优胜劣汰"的市场机制下，企业为了获得更多的发展资源，更有动力通过履行社会责任，提升企业的品牌价值与形象。因此，市场化程度越高的地区，企业履行社会责任越好，假设 H4b 得到了验证。

表 4 - 4　　　　　　　　　　　　样本回归结果

变量	CSR					
	模型（1）		模型（2）		模型（3）	
	系数	T 值	系数	T 值	系数	T 值
C	- 23.682***	- 4.021	- 55.052***	- 10.304	- 20.061***	- 3.415
MEDIA	0.312***	11.468			0.250***	6.021
MI			0.101***	4.272	0.079***	2.953
MEDIA * MI					0.089**	2.100
SIZE	0.346***	9.900	0.528***	16.581	0.320***	9.135
LEV	- 0.121***	- 4.193	- 0.166***	- 5.588	- 0.110***	- 3.843
EPS	0.003	0.139	0.016	0.654	0.006	0.267
STATE	0.073***	2.992	0.066***	2.620	0.074***	3.056
LISTGE	- 0.116***	- 4.926	- 0.127***	- 5.174	- 0.112***	- 4.766
YEAR	控制		控制		控制	
INDUSTRY	控制		控制		控制	
F 值	106.319***		81.024***		84.782***	
Adj. R^2	0.320		0.264		0.329	
N	1365		1365		1365	

注：*** 表示在 1% 水平下显著；** 表示在 5% 水平下显著；* 表示在 10% 水平下显著。

模型（4-3）的回归结果显示，媒体关注（MEDIA）和市场化进程（MI）的交叉项（MEDIA * MI）的系数为 0.089，在 5% 的水平下显著。这说明，市场化程度较高的地区，政府干预少、市场竞争较好、法律制度完善，媒体报道更能够准确、真实地传播外部需要的信息，进而通过"声誉机制""市场机制"和"行政介入机制"影响公司行为，起到监督作用；同时，市场化进程对企业社会责任的影响受媒体宣传报道的影响较

大，媒体作为信息传播的中介，新闻媒体对区域不良竞争的报道，对违规
企业的揭露以及对不合理规制的批判，能够促使政府、企业以及相关方做
出积极回应并不断改进，加快区域制度完善与良好竞争环境的形成。因
此，作为企业外部治理机制的媒体关注与市场化进程，这两个因素对企业
社会责任的履行存在互补关系。由此，假设 H4c 得到验证。

从全样本回归的控制变量系数来看，公司规模（SIZE）与企业社会
责任呈显著的正相关关系；财务杠杆（LEV）与企业社会责任呈显著的负
向关系，负债越高，企业履行社会责任水平越低；盈利能力（EPS）与企
业社会责任正相关，但是不显著；产权性质（STATE）与企业社会责任呈
显著的正相关关系；上市年龄（LISTGE）与企业社会责任呈显著负相关
关系，说明上市时间较短的企业，更加注重履行社会责任，提高品牌形
象。控制变量的回归结果与现有研究结论基本一致。

4.4　稳健性检验

为检验研究结果稳健性，本章将所选样本公司的媒体关注指标和市场
化进程指标分别由高到低进行排序，以中位数为标准，大于中位数组为媒
体关注度强组、市场化进程快组；小于中位数组为媒体关注度弱组、市场
化进程慢组。然后分别对媒体关注强、弱和市场化进程快、慢各组进行稳
健性检验。

表 4－5 为按照市场化进程分组后的回归结果，由快、慢两组的回归
结果显示，媒体关注（MEDIA）均与企业社会责任履行显著正相关，这说
明，不同市场化进程的区域，媒体关注对企业社会责任的履行都能够产生
积极的正向影响，进一步验证了假设 H4a。同时，通过观察两组中媒体关
注（MEDIA）的系数，市场化进程较快组的系数为 0.323，大于市场化进
程较慢组的系数 0.284，说明在市场化进程比较高的地区，媒体关注对企
业社会责任促进作用更强，进一步验证了假设 H4c。

企业社会责任履行的影响因素实证研究

表 4 - 5　　　　　　　　　　市场化进程分组回归

变量	CSR			
	市场化进程较快组		市场化进程较慢组	
	系数	T 值	系数	T 值
C	- 31. 765 ***	- 3. 619	- 1. 123	- 0. 141
MEDIA	0. 323 ***	8. 362	0. 284 ***	7. 224
SIZE	0. 388 ***	7. 846	0. 220 ***	4. 234
LEV	- 0. 133 ***	- 3. 453	- 0. 072	- 1. 556
EPS	- 0. 010	- 0. 317	0. 038	1. 002
STATE	0. 068 **	2. 018	0. 087 **	2. 392
LISTGE	- 0. 119 ***	- 3. 757	- 0. 091 **	- 2. 423
YEAR	控制		控制	
INDUSTRY	控制		控制	
F 值	69. 613 ***		27. 274 ***	
Adj. R²	0. 380		0. 186	
N	682		683	

注：*** 表示在1%水平下显著；** 表示在5%水平下显著；* 表示在10%水平下显著。

如表 4 - 6 回归结果显示，当按照媒体关注度分为强、弱两组以后，无论是媒体关注度较强组，还是媒体关注度较弱组，市场化进程（MI）均与企业履行社会责任显著正相关，进一步验证了假设 H4b。

表 4 - 6　　　　　　　　　　媒体关注分组回归

变量	CSR			
	媒体关注度较强组		媒体关注度较弱组	
	系数	T 值	系数	T 值
C	- 74. 787 ***	- 8. 578	4. 397	0. 647
MI	0. 125 ***	3. 805	0. 102 ***	2. 670
SIZE	0. 563 ***	13. 045	0. 209 ***	4. 127
LEV	- 0. 223 ***	- 5. 442	- 0. 030	- 0. 618

70

续表

变量	CSR			
	媒体关注度较强组		媒体关注度较弱组	
	系数	T 值	系数	T 值
EPS	0.006	0.169	− 0.001	− 0.012
STATE	0.038	1.085	0.119 ***	3.020
LISTGE	− 0.119 ***	− 3.757	− 0.129 **	− 3.212
YEAR	控制		控制	
INDUSTRY	控制		控制	
F 值	46.194 ***		9.137 ***	
Adj. R²	0.291		0.075	
N	682		683	

注：*** 表示在 1% 水平下显著；** 表示在 5% 水平下显著；* 表示在 10% 水平下显著。

　　为进一步检验结论的稳健性，本章又将所选样本企业进行国有和非国有的分组稳健性检验。如表 4 - 7 所示，将所选样本企业按照企业性质分组回归，不管是国有控股企业组还是非国有控股企业组，媒体关注（MEDIA）均与企业履行社会责任存在正向关系，并且显著；市场化进程（MI）在国有控制企业组与企业社会责任（CSR）履行在 1% 置信水平下显著正相关，在非国有控股企业组与企业社会责任（CSR）履行在 5% 置信水平下显著正相关。其他控制变量的验证结果也基本与上述检验一致，证明了研究结论的正确性。

表 4 - 7　　　　　　　　　　按企业性质分组回归

变量	CSR							
	国有控股				非国有控股			
	系数	T 值	系数	T 值	系数	T 值	系数	T 值
C	− 35.421 ***	− 4.211	− 65.468 ***	− 8.853	− 11.420	− 1.271	− 41.535 ***	− 4.805
MEDIA	0.298 ***	7.565			0.326 ***	8.605		
MI			0.120 ***	3.595			0.075 **	2.153

变量	CSR							
	国有控股				非国有控股			
	系数	T 值	系数	T 值	系数	T 值	系数	T 值
SIZE	0.391 ***	8.640	0.549 ***	13.753	0.266 ***	5.154	0.439 ***	8.882
LEV	− 0.091 **	− 2.412	− 0.116 ***	− 3.008	− 0.136 ***	− 2.939	− 0.198 ***	− 4.152
EPS	0.019	0.557	0.032	0.915	− 0.026	− 0.703	− 0.003	− 0.066
LISTGE	− 0.049	− 1.521	− 0.045	− 1.341	− 0.174 ***	− 4.772	− 0.193 ***	− 5.071
YEAR	控制		控制		控制		控制	
INDUSTRY	控制		控制		控制		控制	
F 值	70.403 ***		57.836 ***		40.088 ***		23.953 ***	
Adj. R²	0.347		0.309		0.216		0.145	
N	654				711			

注：*** 表示在 1% 水平下显著；** 表示在 5% 水平下显著；* 表示在 10% 水平下显著。

4.5 研 究 结 论

本章以 2012～2014 年我国 A 股上市公司为研究样本，验证了媒体关注和市场化进程与企业社会责任履行的相关性，分析了这两个因素对企业社会责任履行的影响机理，并检验了媒体关注和市场化进程二者之间的交互影响关系。

本章的实证研究结果如下。

（1）媒体关注与上市公司社会责任的履行呈显著的正相关关系，媒体关注度越强，上市公司企业履行社会责任水平越高。当企业受到媒体的持续关注时，往往会有意识地通过提升社会责任履行水平，提升公众印象。企业之所以有这种反应，一方面是因为媒体作为信息传播的中介，为企业提供了改善与利益相关者关系的平台；另一方面，企业通过履行社会责任，可以为其他企业树立积极承担社会义务的"典范"，有利于企业和政府、社会关系建立和维护。

（2）市场化进程对企业社会责任履行具有正向作用。市场化进程越高，政府干预较少，法制相对完善、市场竞争激烈，因此，不管是出于何种动因，企业积极履行社会责任，更有利于企业在激烈的市场竞争中站稳脚跟。

（3）媒体关注和市场化进程在促进企业社会责任履行方面存在互补效应。市场化进程越高的地区，法律制度相对完善、政府干预较少，这为新闻媒体的客观、准确的信息报道提供了条件，媒体关注的监督作用更容易发挥，来自媒体关注的压力会使企业在发展中不断审视自己的行为，积极承担社会责任。

本章研究获得的启示有如下几个方面。

第一，从统计数据来看，我国企业的整体社会责任意识还比较薄弱，企业社会责任履行水平还有待提高。一方面，政府在今后的工作中要不断完善社会责任相关制度，出台相应政策支持并激励企业履行社会责任；另一方面企业自身需要加强自律，不断完善公司治理机制，将履行社会责任与企业的长期发展联系起来。

第二，媒体关注对企业社会责任履行的督促作用离不开及时、客观的媒体报道。一方面，国家要规范媒体市场，建立媒体的发生平台并制定相应的保护措施，确保媒体行业健康稳定的发展。另一方面，传媒人员自身要不断提高职业素养，加强职业敏感性和责任心，减少报道的偏差，客观、准确地对企业行为进行报道与揭示，惩恶扬善。

第三，应当充分肯定加快市场化进程对企业社会责任履行所起的积极作用。一方面，政府要不断推动地区市场化改革，扮演好市场经济的"监督者"和"服务者"角色。另一方面，政府也要尽可能减少对市场的"干预"，保证市场运行的公平竞争环境。

第四，在市场化进程较高的地区，媒体关注的监督职能更容易发挥，对督促企业履行社会责任影响越大。因此，政府在加快推进市场化进程过程中，应重视市场化进程对媒体监督作用的重要影响，具体工作中应重点关注市场化进程较低地区法制建设与市场环境改善，同时要减少对媒体报道的干预，给媒体更加充分自由的报道空间，充分发挥媒体的监督职能，最终提升我国企业社会责任履行水平。

————————— 第 5 章 —————————

贫困经历与企业社会
责任履行实证研究

　　关于企业履行社会责任的动因问题，按照委托—代理的观点，企业生产经营的主要目的是为了给股东创造价值并取得盈利，企业承担社会责任与企业追求利润最大化的原始动机相悖。现有研究将企业履行社会责任的主要动机归于有利于企业自身经济发展、制度约束和外部压力三个方面。经济动因的观点认为，企业之所以积极履行社会责任，是迫于企业经济发展的需要，企业通过履行社会责任来满足企业利益相关者的诉求对企业长期的发展有利。布兰科和罗德里格斯（2006）从经济学的视角分析了企业履行社会责任对企业带来的经济利益。研究结果表明，企业积极履行社会责任既可以给企业带来内部利益，比如提高员工的士气和忠诚度、提高吸引和保留人才的能力和增强企业进入新市场的机会等，同时又有利于企业长期业绩的提升。制度动因的观点认为，企业履行社会责任主要迫于制度压力。比如在一些发达资本主义国家，履行社会责任是对企业的法律要求，除了通过生产经营缴付税款，还必须承担社会义务履行社会责任。外部压力的观点认为，来自社会契约方的多方压力迫使企业"逼不得已"而履行社会责任。比如，波特和克雷默（2006）的研究认为，企业履行社会责任主要是社会契约方包括新闻机构、政府、投资者等各方施加的压力所致，在这种情形下，外部压力是企业履行社会责任的主要动机。

　　企业履行社会责任的动因是否还存在其他因素呢？贝克（1976）从经济学视角将企业社会责任的动机归于"利己"和"利他"两个方面。

而已有文献主要是基于"利己"动因探讨企业履行社会责任对企业自身的发展是"有利"还是"有弊",可见包括有利于企业经济发展、迫于制度约束和外部压力的企业社会责任活动属于"利己"的范畴。而巴特森和斯林斯（1991）的研究认为，只有源自亲身经历形成的道德情感体验的社会责任活动才能算得上真正意义上"利他性"的活动。高管作为企业最有影响力的领导者，高管个人经历所形成的价值观和道德情感认知对企业战略政策的制定与执行具有重要作用。那么，高管的贫困经历是否会影响到企业社会责任履行呢？穆恩和森（2010）在研究贫困对个人的影响时发现，经历过贫困的个人，往往更容易与遭受相同经历的人们产生共鸣，并设身处地地为他人着想，尽力表达自己关心与支持的情感。哈恩等（2015）的研究认为，早期的贫困经历能够给个体产生较大的记忆冲击，进而影响个体早期的心理和价值观形成，并对未来职业道德情感和社会同情心的培养产生重要影响。因此，基于前人的研究观点与启发，从心理学和管理学视角分析高管早期贫困经历与企业社会责任行为，可能会得出一些新的结论。

基于此，本章将以 2012～2015 年我国 A 股上市公司为研究对象，分析高管的早期贫困经历对企业社会责任履行的影响，检验不同产权性质下高管贫困经历对企业社会责任履行的影响差异，并进一步考察高管早期的富裕环境经历是否会显著影响企业社会责任履行。本章可能的贡献在于：（1）高管的早期经历对高管个性特征和行为方式形成具有重要作用，进而对高管的企业决策产生影响，本章将实证研究高管的早期贫困经历对企业社会责任履行的影响，有助于理论界进一步厘清影响企业社会责任履行的"利他性"因素；（2）以往研究将企业履行社会责任主要动机归于经济发展、制度约束和外部压力，本章将实证检验源自高管亲身经历的贫困经历对企业社会责任履行的影响机理，以验证企业存在的"利他性"社会责任活动；（3）本章对高管早期贫困经历的度量是一种新的尝试，以期能够给未来研究提供思路借鉴。

5.1 理论分析与研究假设

5.1.1 个人经历对企业决策行为的影响

行为金融学认为，公司管理者通常是非理性的。研究发现，CEO 的管理风格可以反映在企业的资本结构、投资、薪酬和信息披露政策等方面，其人生经历、教育经历及职业经历会影响到企业的决策行为和企业政策。

过去的经济动荡对个体风险厌恶程度有着持续的影响作用，会阻止个体参与股票投资等有风险的金融投资。对于经历过大萧条灾难及股市崩盘的个体而言，投资行为更加保守、资本支出及研发投入较少、财务杠杆较低、更多进行分散化经营，以及更多削减成本。具体而言，大萧条时期出生的 CEO 对投资现金流敏感度较高。经历过大萧条时期的 CEO 更加怀疑公共市场为公司提供可靠融资的可能性，从而倾向于选择自给自足，表现在资本结构选择上，更偏好较低的杠杆率，不过度依赖外部融资。在大萧条时期长大的 CEO 较少使用负债，更多依赖内部融资。在大萧条期间开始职业生涯的 CEO 更倾向于选择较为保守的资本结构，竭力避免过高的杠杆率。

拥有不同专业背景的经理人往往有着不同的思维方式和行为方式。基于风险偏好角度，商科或法律专业的 CEO 风险普遍持规避态度，具有经管类背景的 CEO 属于风险厌恶型。拥有金融、会计或经济管理类专业背景的高管会加强企业的过度投资行为，属于风险偏好型。在国有企业中，该作用机制更显著。从企业内控的角度看，经管类专业背景使高管更加准确地把握与内部控制相关的专业知识，更好地理解内部控制的重要性和必要性，更加重视内部控制的实施；另外，经管类专业背景也对高管的风险和收益等观念产生了影响，使其决策越趋于理性、考虑风险因素更多。所以，具有金融、会计或者经济管理类专业背景的高管，会提升其所在公司的内部控制质量。

军人高管在国内外都是一个备受瞩目的特殊群体，他们因其从军经历而塑造成了独将的价值观和人格特征。高管的早期价值观具有延续性的特点，因此，军人高管的行为与军人的特性具有一致性。对于中国军人来说，最广为人知的特征莫过于对纪律的恪守以及艰苦朴素的作风。军人具有冒险主义特征，战争经历则使其更加自信能够胜任高压力和高风险的问题，拥有军旅生涯的 CEO 具有业绩好、任期长、领导水平高的特点。针对公司并购行为，军人 CEO 倾向于更加频繁地进行并购，愿意支付更高的收购溢价，并购完成率更高，且在收购后表现出更好的长短期协同效应。军旅经历会导致管理者树立进行更为精确的、倾向于向下引导预期的盈余预测风格。

5.1.2　高管贫困经历与企业社会责任

关于贫困的内涵和理解，以阿马蒂亚·森关于贫困的开创性研究为先导，相关研究的主要观点集中于两个方面。一方面，将贫困归属于经济学范畴。经济学观点认为，对于贫困的理解应该从物质层面和经济学层面来理解，并且有绝对贫困和相对贫困之分，绝对贫困观认为个人生活的艰难导致贫困的持续延续，自己缺乏改变物质生活资料的欠缺和物质条件的足够能力，需要社会救助。朗特里（1901）在其研究中给绝对贫困的定义为：个人甚至家庭处于严重的物质缺乏状态，由于物质资料的缺乏使个人或家庭难以满足基本（或最低）的生理需要。而雷诺兹（1993）将绝对贫困定义为"没有足够的收入可以使之有起码的生活水平"。对于相对贫困的概念，20 世纪 60 年代，阮慈曼在《相对剥夺和社会主义》一书中认为，相对贫困是指个体相比较社会的人均生活水平较低的状态，与绝对贫困相比，至少拥有足够的能力满足最起码的生活需要。另一方面，将贫困定义为社会学范畴。与将贫困界定为物质资料的欠缺和收入低下不同，社会学将贫困界定为精神生活空虚、自尊心缺失、社会福利或社会机会欠缺等。阿玛蒂亚·森较早对贫困问题进行描述时曾指出，对于贫困的内涵不能简单地从收入低下来区分，贫困的实质是人们缺乏改变现状和抵御风险的能力，贫困的根源在物质生活条件欠缺与精神生活缺乏出路。

关于贫困经历对个体社会责任行为的影响，按照荷兰著名心理学家霍夫斯泰德的观点，经历过贫困的人更容易体现帮扶别人的思想意识，贫困可以给个体造成记忆冲击进而对个人的思维方式和对社会的价值观产生影响。霍尔曼和席尔瓦（1998）的研究认为，创伤经历往往能够在很长的时间内对个体行为产生影响，而贫困经历作为对个体心灵造成的创伤能够给未来职业价值评判产生影响。马尔门迪尔等（2011）的研究认为，相比较其他经历，由于贫困经历给个体心智和行为带来的影响更具持久性，贫困经历对个体价值观和同情心的培养影响更为深远，经历过贫困的人们其内心的道德情感更容易被触动，更能够设身处地地为他们着想，表达自己关心与支持的情感。因此，从已有研究可以推测，有过贫困经历的个体，源自内心深处真实情感的社会责任意识更为强烈，履行社会责任的积极性也越高。

汉布瑞克和梅森（1984）在高层梯队理论中指出，企业高管在实际工作中并非经济学假设的"完全理性人"，企业高管的管理决策过程往往受认知能力、价值观和道德情感的影响，而高管的个人经历在一定程度上影响高管个人的认知水平、价值观和道德情感。行为金融学认为，高管的管理风格与价值评判受高管的个性特征影响较大，企业高管通常都是感性的，高管的管理风格可以反映在企业管理和企业决策行为当中，其人生经历、职业经历都会影响企业管理政策。高管作为企业主要决策者，相比较高管诸如年龄、性别及教育背景等特征，高管的个人经历尤其是贫困经历对高管个性的影响更具有持久性（Malmendier et al.，2011；Benmelech and Frydman，2015）。穆恩和森（2010）研究认为，高管的贫困经历往往能够给高管带来较大的记忆冲击，更懂得履行社会责任的要义，更容易与遭受相同经历的人们产生共鸣，并设身处地为他人着想，尽力表达自己关心与支持的情感。肖艳辉等（2012）在研究贫困经历与高管的企业行为时也发现，童年有过贫困经历的高管，职业生涯过程表现出了更高的"节约思想与帮扶意识"，工作中更能够将心比心地对待下属与帮助他人。

综合上述分析，我们可以预期，具有贫困经历的高管，能够对于贫困和灾难冲击有着更加深切的体会，当拥有决策的权利并有足够的资源支配能力时，更愿意承担社会义务履行社会责任。基于此，本章提出假设 H5a：

H5a：有贫困经历的高管，其所在企业社会责任履行水平越高。

在当前我国的转轨经济背景下，国有企业与非国有企业高管的成长环境及职业发展轨迹有着很大的不同，这也导致国有企业高管和非国有企业高管的管理风格和管理特点有很大差异。国有企业高管与非国有企业高管的早年经历并不一样，他们大多出生于计划经济时代，国有企业的高管的童年时期的家庭往往具有国企工作的背景①，家庭环境相对优越，不管是"大饥荒"时期还是突发的自然灾害对其家庭的影响相对较小。而对非国有企业高管来讲，童年时期相对没有"家庭或政治背景"的优势，对于他们的早年经历，不管是生活条件还是职业发展路径都更为艰辛，正是早年的艰苦经历培养了他们胆识、节约意识以及帮扶别人的思想，成为高管以后，对于他人经历的贫困与苦难更能感同身受，进而伸出援助之手。因此，基于以上分析，本章提出假设 H5b：

H5b：相比较国有企业，高管贫困经历对非国有企业履行社会责任的影响作用更强。

5.1.3　早期富裕环境经历与企业社会责任

与有贫困经历的高管不同，早年生活环境较富裕的高管所在企业是否会履行更多的社会责任呢？从高管的成长经历来看，与出身贫困的高管相比，出生于较富饶地区的高管往往对早期的生活艰辛缺乏更加深刻的认识，不管是对于周围贫困环境的感受还是贫困带来的苦难经历对高管个人的心灵造成的伤害相对较小，成为高管以后，其面对来自外部的社会责任需要缺乏真实的道德情感体验，主动履行社会责任的积极性相对较低。即使履行社会责任，抑或是为了谋求经济动机而建立声誉资本的动机（山立威，2008），抑或是为了谋求政治资源而契合制度规范的动机（戴亦一等，2014）。因此，相比较有贫困经历的高管履行社会责任更多地源于同

---

① 计划经济时代国有企业存在"子女接班""子承父业"当作内部福利的人事制度，人民网 2014 年 4 月 17 日发文指出这种计划经济的残留甚至在当前的部分国企仍然存在。

情心的无意识发生（Hahn and Gawronski，2015），早期生活环境较为富裕的高管缺乏履行社会责任的"利他性"动机（Batson and Slingsby，1991）。基于以上分析，本章提出了假设 H5c：

H5c：早年处于富裕环境的高管，所在企业社会责任履行水平并未显著提高。

5.2　样本选择和研究设计

5.2.1　样本选择与数据来源

为实证检验本章论述的观点，以 2012~2015 年我国 A 股上市公司为样本数据，并对样本做如下筛选：（1）剔除金融、保险业公司；（2）剔除 ST、*ST 公司；（3）剔除样本中的异常数据以及去除各控制变量有缺失值的数据。总共得到 1796 个有效样本。

数据搜集过程主要通过以下三个途径实现：（1）企业社会责任履行指标数据来自润灵环球企业社会责任评测体系评分。（2）高管贫困经历和富裕环境数据来自相关企业的官网、国务院扶贫办公室网站、国家统计局、百度百科、名人采访与回忆传记等，涉及的基础数据多为手工搜集。（3）上市公司相关财务数据来自国泰安数据库、万德数据库及主流的财经网站。

本章在实证回归中所使用的计量软件为 SPSS 22.0 版。

5.2.2　研究变量定义

（1）企业社会责任（CSR）。参考已有研究，本章以 2012~2015 年润灵环球企业社会责任评级总得分作为替代指标。润灵环球责任评级公司对上市公司社会责任履行的评测数据来源于相关企业发布的年报和社会责任报告，该评测体系指标设置客观性强、信息量大、准确性高，被较多的学者用于度量上市公司社会责任履行水平的研究。CSR 评级总得分越高，表明上市公司社会责任履行水平越高。同时，本章在进行稳健性检验时，用企业慈善捐助额占企业总资产的比例（*DON*）进行稳健性检验论证。

（2）贫困经历（*POV*）。已有文献鲜有对贫困经历的度量方法研究，本章参考许年行和李哲（2016）的度量方法并进行了改进，选取以下三类指标构成高管贫困经历的替代指标：第一，高管早年的性格形成依赖于家乡的发展环境，区域共同的经济活动、集体记忆和精神特征对高管的早期的个性形成具有重要的影响（张建君和张志学，2006），因此，考虑高管早年所处的贫困环境，以入选 2012 年国务院扶贫办公室认定的"国家贫困县"作为替代指标[①]，将高管的出生地与贫困县名单进行对比，入选"国家贫困县"赋值为 1，否则赋值 0。第二，参考许年行和李哲（2016）的度量方法，考虑 1959～1961 年发生在我国的三年困难时期对贫困造成的影响较为深刻，本章将高管早年时代是否经历我国"三年困难时期"作为替代指标，同时，按照心理学中对于有记忆能力的童年时期年龄划分，将童年的周岁界定为 4～14 岁，因此，将出生于 1947～1957 年高管赋值为 1，否则赋值为 0。第三，特殊贫困经历。如突发性自然灾害、家庭变故、严重的疾病以及其他因突发性因素导致的贫困等也会对高管的早年经历带来痛苦和磨难，并由此引发家庭贫困，因此，高管在童年时期经历有特殊贫困经历的赋值为 1，否则赋值 0。将以上三个指标得分相加的总得分，形成了高管早期贫困经历的替代指标，指标值越大，表示高管贫困经历越多。高管贫困经历统计数据如表 5－1 所示。

表 5－1 高管贫困经历统计数据

指标	贫困环境经历	三年困难时期经历	特殊性贫困经历
人数	136	659	87
样本量	1796	1796	1796
比例	7.29%	36.70%	4.84%

资料来源：相关企业的官网、国务院扶贫办公室网站、百度百科、名人传记及采访等。

———————————

[①] 国务院扶贫领导小组办公室对我国贫困县的认定审批工作经历过三次，分别为 1994 年、2001 年和 2012 年，平均十年一次，每次对贫困县的认定总数较为稳定，贫困县的名单变化不大。

（3）富裕环境经历（STR）。已有文献鲜有对富裕环境进行度量的相关研究，本章对富裕环境的度量考虑两个方面的因素。第一，参考许年行和李哲（2016）的度量，将高管的家乡是否来自中国百强县作为衡量高管早期富裕程度的因素之一。需要强调的是，2006 年之前，中国百强县由国家统计局评选并发布，2007 年之后，则改由"中郡研究所"①评选发布。国家统计局仅 2004 年和 2005 年组织过二次评选，其后终止。考虑影响最大的是国家统计局组织评选的更具有权威性，因此，本章选用 2005 年国家统计局发布的中国百强县数据进行本章所提假设的验证，运用 2004 年国家统计局发布的中国百强县数据进行稳健性验证。第二，除了高管早期生活环境出于百强县的因素之外，考虑高管童年时期家庭生活条件的其他影响，通过阅读所选样本每一位高管的经历介绍，对早期生活条件相对优越（比如，家族企业背景、父母政府企业工作背景、享受了较好的教育等）的也纳入富裕环境的考虑因素。综合考虑以上两个因素，只要满足以上两个因素任何一个因素，都认为高管拥有早期富裕环境经历，并将高管的早期富裕环境经历赋值为 1分，否则赋值为 0 分。

（4）控制变量。结合已有研究，同样考虑到对企业社会责任可能产生影响的相关因素，本章借鉴布拉默等（2004）、崔秀梅（2009）、沈洪涛（2010）相关研究做法，选取了对企业社会责任具有重要影响的公司规模（SIZE）、盈利能力（EPS）、财务杠杆（LEV）、产权性质（STATE）和上市年龄（LISTGE）作为本章研究的控制变量。此外，加入年度（YEAR）及行业（INDUSTRY）控制固定效应。

本章详细的变量定义如表 5 - 2 所示。

---

① 中国百强县（市）是对现行中国县级行政区域以县级、县级市为主，还包括部分市辖区，从发展水平、发展活力和发展潜力三个方面进行综合竞争力评价。2007 年以后，在国家统计局的"百强县"评比取消后，中郡所的"百强县"名单"取而代之"。

表 5 – 2   变量定义与度量

变量符号	变量名称	变量度量标准
CSR	企业社会责任	采用润灵环球企业社会责任履行评级总得分
DON	慈善捐助	企业捐赠额占企业总资产的比例
POV	贫困经历	贫困环境经历、贫困时期经历和特殊贫困经历评分之和
POV – env	贫困环境	早期所处的贫困县
POV – per	贫困时期	经历 1959～1961 三年困难时期
POV – spe	特殊贫困经历	突发性自然灾害、家庭变故、严重的疾病及其他因素导致的贫困等
STR – 05	富裕环境	选用 2005 年国家统计局发布的中国百强县名单比对
STR – 04	富裕环境	选用 2004 年国家统计局发布的中国百强县名单比对
SIZE	公司规模	总资产的自然对数
EPS	盈利能力	净利润/股本总额
LEV	财务杠杆	资产负债率 = 总负债/总资产
STATE	产权性质	国有产权公司赋值为 1，否则赋值 0
LISTGE	上市年龄	上市年数
YEAR	年份	虚拟变量
INDUSTRY	行业	虚拟变量

5.2.3 研究模型构建

本章构建了如下最小二乘回归模型（5 – 1）来验证贫困经历对企业社会责任的影响，同时检验区分产权性质贫困经历对企业社会责任履行的影响有何差异；构建模型（5 – 2）用于检验富裕环境是否会显著提高企业社会责任履行水平，以考察贫困经历和富裕经历在影响企业社会责任履行的不同作用。

$$CSR = \beta_0 + \beta_1 POV + \beta_2 SIZE + \beta_3 EPS + \beta_4 LEV + \beta_5 STATE + \beta_6 LISTGE$$
$$+ \beta_7 YEAR + \beta_8 INDUSTRY + \varepsilon \qquad (5-1)$$
$$CSR = \beta_0 + \beta_1 STR + \beta_2 SIZE + \beta_3 EPS + \beta_4 LEV + \beta_5 STATE + \beta_6 LISTGE$$
$$+ \beta_7 YEAR + \beta_8 INDUSTRY + \varepsilon \qquad (5-2)$$

5.3 实证检验及分析

5.3.1 变量的描述性统计

表 5 - 3 为本章研究的主要变量描述性统计结果。从表中可以看出，所选样本企业社会责任履行总得分最大值为 87.95，最小值为 15.12，中位数为 36.06，标准偏差为 12.04，反映出我国上市公司企业社会责任履行的总体水平不高，不同的上市公司社会责任履行水平有较大的差别，符合当前我国社会责任履行的现状。从贫困经历的得分来看，最小值为 0，中位数为 0，3/4 位数为 1，均值为 0.44，说明所选样本高管有早期有贫困经历的比例不是特别高，同时不同企业的高管贫困经历水平差异明显。

表 5 - 3 变量描述性统计

变量	观测值	均值	标准差	最小值	1/4 位数	中位数	3/4 位数	最大值
CSR	1796	39.17	12.04	15.12	31.00	36.06	44.35	87.95
POV	1796	0.44	0.58	0.00	0.00	0.00	1.00	3.00
STR - 05	1796	0.05	0.208	0.00	0.00	0.00	0.00	1.00
SIZE	1796	23.16	1.47	20.18	22.06	23.01	24.08	28.51
EPS	1796	0.45	0.53	-2.26	0.12	0.31	0.67	3.63
LEV	1796	49.59	20.21	0.80	34.81	51.32	65.37	93.06
STATE	1796	0.48	0.50	0.00	0.00	0.00	1.00	1.00
LISTGE	1796	12.07	5.53	0.00	8.00	12.00	16.00	25.00

从所选样本上市公司的控制变量描述性统计结果来看，企业规模、盈利能力、财务杠杆和上市年龄等主要控制变量的描述性统计结果与已有研究基本一致，说明所选样本较为合理。

5.3.2 变量相关性分析

为了检验贫困经历与企业社会责任之间的关系，本章对主要变量进行了相关系数分析，由表 5 - 4 的相关系数分析可知，贫困经历与企业社会责任的相关系数为 0.341，且在 1% 的水平下显著正相关，可以预见本章所提出的假设 H5a 和假设 H5b 可能会通过验证。由表可知各主要变量相关系数都小于 0.5，说明模型选用的各变量之间不存在严重的多重共线性问题。

表 5 - 4   相关系数

变量	CSR	POV	SIZE	EPS	LEV	STATE	LISTGE
CSR	1	—	—	—	—	—	—
POV	0.341 ***	1	—	—	—	—	—
SIZE	0.461 ***	0.286 ***	1	—	—	—	—
EPS	0.154 ***	0.109 ***	0.234 ***	1	—	—	—
LEV	0.105 ***	0.109 ***	0.546 ***	- 0.092 ***	1	—	—
STATE	0.217 ***	0.089 ***	0.354 ***	0.054 **	0.145 **	1	—
LISTGE	- 0.024	0.044 *	0.193 ***	0.053 **	0.244 ***	0.177 ***	1

注：*** 表示在 1% 水平下显著；** 表示在 5% 水平下显著；* 表示在 10% 水平下显著。

5.3.3 回归分析

由表 5 - 5 回归结果可以发现，贫困经历（POV）的回归系数为 0.123，且在 1% 的水平下显著，高管早期的贫困经历与企业社会责任履行呈显著的正相关关系，有贫困经历的高管，贫困经历越多，其所在公司履行社会责任水平越高。

高管的早期经历，尤其是贫困经历，对高管的早期帮扶思想形成产生了作用，高管早期对于贫困的所见所闻与对于贫困的感受对高管帮扶的心理以及职业成长过程中的社会同情心形成产生了积极影响，当成为高管并拥有了资源支配能力之后，更明白履行社会责任的重要意义，高管贫困经历促使其更加积极推动所在企业承担社会义务、积极履行社会责任。由此，假设 H5a 得到了验证。

表 5 - 5 　　　　　　　　　样本回归分析结果

变量	CSR	
	系数	T 值
C	− 54.023 ***	− 11.494
POV	0.123 ***	5.909
SIZE	0.524 ***	18.908
EPS	0.003	0.149
LEV	− 0.178 ***	− 6.995
STATE	0.066 ***	3.038
LISTGE	− 0.099 ***	− 4.702
YEAR	控制	
INDUSTRY	控制	
F 值	109.679 ***	
Adj. R²	0.266	
N	1796	

注：*** 表示在 1% 水平下显著；** 表示在 5% 水平下显著；* 表示在 10% 水平下显著。

通过设置虚拟变量方法，对全样本贫困经历指标从高到低进行排序，以中位数为基准，高于中位数的贫困经历指标赋值为 1，低于中位数的贫困经历指标赋值为 0，应用全样本进行进一步的回归验证。由表 5 - 6 回归结果可知，贫困经历（POV）的回归系数为 0.202，且在 1% 的水平下显著，说明高管早期的贫困经历与企业社会责任履行呈显著的正相关关系，贫困经历越多，其所在公司履行社会责任水平越高，支持了假设 H5a。

表 5 - 6   样本回归分析结果

变量	CSR	
	系数	T 值
C	- 51.970 ***	- 11.289
POV	0.202 ***	9.899
SIZE	0.506 ***	18.600
EPS	0.013	0.598
LEV	- 0.171 ***	- 6.781
STATE	0.066 ***	3.053
LISTGE	- 0.109 ***	- 5.257
YEAR	控制	
INDUSTRY	控制	
F 值	123.784 ***	
Adj. R^2	0.291	
N	1796	

注：*** 表示在 1% 水平下显著；** 表示在 5% 水平下显著；* 表示在 10% 水平下显著。

    当将所选样本上市公司区分为国有产权和非国有产权以后，由表 5 - 7 的回归结果可知，对比国有和非国有相关回归系数发现，非国有企业高管贫困经历（POV）的系数为 0.157，并且在 1% 的水平下显著正相关，国有企业高管贫困经历（POV）的系数为 0.101，并且在 1% 的水平下显著正相关，通过两组高管贫困经历（POV）系数的对比可知，非国有企业高管贫困经历（POV）的系数 0.157，大于国有企业高管贫困经历（POV）的系数为 0.101，表明相比较国有企业，非国有企业高管贫困经历与企业社会责任的履行相关性更强。说明相比较国有企业高管，非国有企业高管童年时期并没有"家庭或政治背景"的优势，对于他们的早年经历，不管是家庭生活条件还是职业发展路径都更为艰辛，正是早年的艰苦经历培养了他们胆识、节约意识以及帮扶别人的思想，当他们成为高管以后，面对来自外部的社会责任需求，对于他人经历的贫困与苦难更能感同身受、为他人着想，当有了决策的权力和资源支配能力，更愿意伸出援助之手，积极履行社会责任，由此，假设 H5b 得到了验证。

表 5 - 7   样本回归分析结果

变量	CSR			
	国有		非国有	
	系数	T 值	系数	T 值
C	- 64.792 ***	- 9.783	- 45.758 ***	- 6.168
POV	0.101 ***	3.319	0.157 ***	5.158
SIZE	0.546 ***	15.454	0.467 ***	11.041
EPS	0.033	1.086	- 0.044	- 1.312
LEV	- 0.127 ***	- 3.756	- 0.224 ***	- 5.493
LISTGE	- 0.010	- 0.355	- 0.180 ***	- 5.531
YEAR	控制		控制	
INDUSTRY	控制		控制	
F 值	73.230 ***		37.233 ***	
Adj. R^2	0.296		0.162	
N	860		936	

注： *** 表示在 1% 水平下显著； ** 表示在 5% 水平下显著； * 表示在 10% 水平下显著。

表 5 - 8 为假设 H5c 的样本回归结果。由回归结果可以发现，高管早期的富裕经历（STR）的回归系数为 0.030，与企业社会责任履行正相关，但是并不显著。说明与有贫困经历的高管不同，早年经历较富裕的高管所在企业的社会责任履行水平并未显著增多。从高管的成长经历来看，与出身贫困的高管相比，出生于较富饶地区的高管往往对早期的生活艰辛环境缺乏更加深刻的体会，由于贫困对高管个人的心灵造成的伤害或影响也相对较小，当成为高管以后，即使有了资源支配的权利，但是其面对来自外部的社会责任需要缺乏真实的道德情感体验认知，缺乏履行社会责任的内在动机。

表 5 - 8 样本回归分析结果

变量	CSR	
	系数	T 值
C	- 58. 781 ***	- 12. 584
STR	0.030	1.470
SIZE	0.555 ***	20. 229
EPS	0.010	0.436
LEV	- 0.183 ***	- 7. 106
STATE	0.062 ***	2.828
LISTGE	- 0.098 ***	- 4. 574
YEAR	控制	
INDUSTRY	控制	
F 值	102. 355 ***	
Adj. R²	0. 253	
N	1796	

注: *** 表示在 1% 水平下显著; ** 表示在 5% 水平下显著; * 表示在 10% 水平下显著。

5.4 进一步检验及分析

为进一步检验高管贫困经历对企业社会责任履行的影响，本章将贫困经历的分维度指标分别与企业社会责任履行进行回归分析。

由表 5 - 9 的回归结果可知，高管早期经历的贫困环境（POV - env）与企业社会责任履行的回归系数为 0.129，并在 1% 的水平下与企业社会责任履行显著正相关。说明高管早期生活所处的贫困环境，会潜移默化地影响高管早期的同情心理，即使高管所在家庭并不贫困，但是，高管早期生活所感受的周围贫困文化和对周围贫困的所见所闻让高管在童年时期便对贫困产生了较为深刻的认识，进而对高管后期帮扶别人的价值观形成产生影响。高管早期经历的三年困难时期（POV - per）与企业社会责任履行的回归系数为 0.125，并在 1% 的水平下与企业社会责任履行显著正相关。说明三年困难时期给高管的早期生活带来了不能磨灭的记忆，经济的大萧条让高管个人对于物质的匮乏带来的家庭伤痛更有切身的体会，正因如此，已有学者研究发现经历过大饥荒的企业高管，在日常生活当中表现出了更高的节约精神，对待自己的下属也更有人文关怀。高管早期经历的特殊贫困经历（POV‑spe）与企业社会责任履行的回归系数为0.181，并在1%的水平下与企业社会责任履行显著正相关。说明高管早期生活所经历的突发性的灾害经历、严重的疾病或家庭变故等对高管的心理影响较大，这种因自然灾害致贫、因病致贫或因家庭变故致贫等特殊贫困经历往往给人造成生活上的绝望或者感到无路可走，对个体的心灵伤害和心理影响更大，因此，早期有特殊贫困经历的高管更容易"移情"到有相同经历的人们，更容易与相同经历的人们产生共鸣。

表5‑9　　　　　　　　　进一步回归分析结果

变量	CSR					
	系数	T值	系数	T值	系数	T值
C	−55.655***	−11.969	−54.523***	−11.644	−52.283***	−11.276
POV‑env	0.129***	6.320				
POV‑per			0.125***	6.015		
POV‑spe					0.181***	8.781
SIZE	0.535***	19.587	0.527***	19.123	0.514***	18.825
EPS	0.010	0.483	0.004	0.167	0.006	0.270
LEV	−0.182***	−7.145	−0.179***	−7.011	−0.163***	−6.430
STATE	0.061***	2.780	0.066***	3.020	0.070***	3.243
LISTGE	−0.090***	−4.268	−0.106***	−4.988	−0.089***	−4.235
YEAR	控制		控制		控制	
INDUSTRY	控制		控制		控制	
F值	110.802***		109.963***		119.122***	
Adj. R^2	0.268		0.267		0.283	
N	1796		1796		1796	

注：***表示在1%水平下显著；**表示在5%水平下显著；*表示在10%水平下显著。

从以上三个维度指标与企业社会责任的回归系数来看，高管的特殊贫困经历的回归系数最大，说明特殊困难经历对高管帮扶别人思想的形成影响更为深刻，对所在企业履行社会责任的影响也最大。

5.5　稳健性检验

5.5.1　更换解释变量的代理变量

为检验贫困经历与企业社会责任履行关系的稳健性，本章对贫困经历的度量方式作了如下调整：第一，借鉴许年行和李哲（2016）的研究方法，将对贫困县认定范围由 2012 年的数据调整为 1994 年的数据；第二，改革开放之后，中国才正式走向富民强国的道路，本章将三年困难时期的贫困时期认定调整为改革开放之前，即以 1978 年之前作为经济贫困时期，考虑心理学对有记忆能力童年时间的界定为 4～14 周岁，将出生在 1964～1974 年的高管作为有早年贫困经历统计对象。具体的赋值方法不变，最后计算高管贫困经历的总得分，并进行回归验证。同时，为检验富裕环境对企业社会责任履行影响结果的稳健性，对于富裕环境代理变量选用 2004 年国家统计局发布的中国百强县数据进行回归分析。

如表 5 - 10 为稳健性检验结果：从回归结果可以看出，贫困经历（POV）的回归系数为 0.120，并且在 1% 的水平下显著，表明改变度量方式以后，贫困经历与企业社会责任履行的显著正相关关系不变。富裕环境（$STR - 04$）的回归系数为 0.022，但是不显著，表明改变度量方式以后，富裕环境并为显著提高企业社会责任履行水平，这与前文的研究结论一致。

5.5.2　更换被解释变量的代理变量

为检验被解释变量对于研究结果的稳健性，同时考虑企业的慈善捐赠行为与企业履行社会责任的紧密联系，同时为了确保不同企业间的慈善捐助水平的可比性，最后用慈善捐赠额占企业总资产的比例作为企业社会责任履行的替代指标，进行稳健性检验验证，如表 5 – 11 所示。

表 5 – 10　　　　　　　　　　　　稳健性检验结果

变量	CSR			
	富裕环境度量方法改变		贫困经历度量方法改变	
	系数	T 值	系数	T 值
C	– 58. 423 ***	– 12. 456	– 54. 439 ***	– 11. 637
STR – 04	0. 022	1. 064		
POV			0. 120 ***	4. 012
SIZE	0. 553 ***	20. 060	0. 526 ***	19. 117
EPS	0. 009	0. 409	0. 004	0. 165
LEV	– 0. 183 ***	– 7. 087	– 0. 180 ***	– 7. 028
STATE	0. 063 ***	2. 873	0. 066 ***	2. 999
LISTGE	– 0. 097 ***	– 4. 525	– 0. 105 ***	– 4. 991
YEAR	控制		控制	
INDUSTRY	控制		控制	
F 值	102. 116 ***		110. 500 ***	
Adj. R^2	0. 253		0. 268	
N	1796		1796	

注：***表示在1%水平下显著；**表示在5%水平下显著；*表示在10%水平下显著。

表 5 – 11　　　　　　　　　　　　稳健性检验结果

变量	DON			
	系数	T 值	系数	T 值
C	0. 614 ***	11. 987	0. 534 ***	10. 386
POV	0. 262 ***	6. 181		
STR – 05			0. 009	0. 227
SIZE	0. 038	0. 698	0. 136 **	2. 506

续表

变量	DON			
	系数	T 值	系数	T 值
EPS	0.169***	3.987	0.217***	4.984
LEV	−0.124**	−2.503	−0.152***	−2.973
STATE	−0.288***	−6.551	−0.333***	−7.379
LISTGE	−0.150***	−3.573	−0.170***	−3.914
YEAR	控制		控制	
INDUSTRY	控制		控制	
F 值	29.288***		21.283***	
Adj. R²	0.259		0.200	
N	487		487	

注：*** 表示在1%水平下显著；** 表示在5%水平下显著；* 表示在10%水平下显著。

由回归结果可知，改变企业社会责任的度量指标以后，贫困经历（POV）的回归系数为0.262，并且在1%的水平下与企业慈善捐助（DON）显著正相关，即有贫困经历的高管所在企业社会责任履行水平越高；高管早期的富裕环境（STR-05）的回归系数为0.009，但是不显著，表明高管早期的富裕环境经历并没有显著提高企业社会责任履行水平，验证了本章研究结论的准确性。

5.6 研究结论

通过本章的研究得出的结论有如下几个。

（1）高管贫困经历与企业社会责任履行呈显著的正相关关系。早期经历过贫困的高管，所在企业履行社会责任水平相对更高，说明高管早期的贫困经历给了高管较大的记忆冲击，使高管更富同情心，成为高管以后，有了资源支配能力和决策能力时，更愿意在职业生涯的巅峰期积极回报社会。

（2）非国有企业高管的贫困经历对企业社会责任履行的作用更强。与国有企业高管不同，非国企企业高管的早期成长环境更为恶劣，职业发展的轨迹也更为艰辛，内心深处更明白帮扶别人的要义。

（3）早期生活环境较为富裕的高管，所在企业的企业社会责任履行水平并未显著提高。与出身贫困的高管相比，出生于较富饶地区的高管往往对早期的生活艰辛缺乏更加深刻的认识，其面对来自外部的社会责任需要缺乏真实的道德情感体验，履行社会责任的积极性相对较低。

本章的研究结论具有重要的理论和现实意义。

第一，从高管的贫困经历视角研究对企业社会责任的影响，在已有的研究文献中还比较鲜见。

第二，基于个人经历视角，从影响高管职业成长的早期贫困经历入手，构建贫困经历的概念模型，并实证检验本章所提的研究假设，本章的研究给相关研究提供了新的思路和度量方法借鉴。

第三，通过本章的研究发现，企业履行社会责任的动因，除了经济发展、制度约束和外部压力以外，源自高管亲身经历的道德和情感认知对企业的社会责任履行也有重要影响，这一结论的发现有助于政府和企业在今后的社会责任事务管理中开展有针对性的工作，对提升我国企业社会责任履行水平具有积极的指导意义。

第 6 章

高管影响力与企业社会
责任履行实证研究

伴随着我国经济建设取得的巨大成就，我国遇到的一系列的企业社会责任问题也越来越突出。企业是社会系统的成员之一，在通过合法的生产经营获取利润以外，履行社会责任、承担社会义务已经成为现代企业发展的基本制度约束（邓丽明和郭晓虹，2012）。然而，从已有研究来看，制度约束存在一定的局限性，现实生活中的非正式制度比如企业家的精神和高管的影响力在促进企业履行社会责任过程中发挥重要的作用。恒大集团主席许家印在 2016 年获得全国脱贫攻坚奉献奖时讲到：恒大的一切都是党和国家以及社会给的，理应先富帮后富，恒大集团在许家印的带领下，十年来先后为社会慈善和公益事业捐款 100 多次超过 25 亿元。也正如大午集团董事长孙大午所言"企业经营不应以营利为目的，而应以发展为目标，以共同富裕为归宿"。可见，企业高管对企业社会责任的认识、高管的企业决策和行动对企业履行社会责任也具有重要影响。

高管作为企业形象代言人，是企业中最有影响力的政策主导者与推动者（Graham et al.，2015；Steven et al.，2015）。按照本森（1998）的观点，处于职业巅峰时期的各种名誉与威望形成的高管影响力，代表了高管的个人形象和社会对企业的期望与认可，形成了企业核心竞争力的重要组成部分，对企业政策制定产生重要作用。惠正一（2008）认为，高管职业巅峰时期的影响力能够影响高管的个性与价值观，进而影响企业政策与企业决策。关于高管与企业社会责任相关研究，已有文献围绕高管团队特征（Carpenter and Fredrickson，2001）、高管薪酬（Orlitzky et al.，2003；

Deckop et al.，2006；苏然，2016）和高管变更（Oh et al.，2014；刘青松和肖星，2015）等几个方面积累了较多的理论研究成果，这为我们了解高管影响企业社会责任履行的机理、高管的个性特征与企业社会责任履行之间的关系并展开实证研究奠定了基础。然而，已有的研究仍然存在不足，主要体现在：第一，已有研究大多数是围绕高管特征尤其是高管团队特征（比如受教育程度、年龄分布、女性高管比例等）探讨对企业履行社会责任的影响，仍然缺乏深入分析在企业中具有核心领导地位的高管个人（比如董事长或CEO）对企业战略与经营决策产生的重要作用。当前我国正处于转型经济时期，处于企业核心领导地位的高管往往拥有较高的决策权利（衣凤鹏和徐二明，2014）。第二，已有文献主要基于委托—代理理论和经济人假设探讨高管的企业决策行为，把高管定义为"经济人"存在一定的局限性。激励理论和社会人假设认为，当高管满足了物质需求和获得尊重需要以后，往往会有更高层次的需要来实现人生价值和理想。因此，影响高管履行社会责任积极性的因素除了物质利益以外，还有追求更高的人生价值、获得社会认可等因素的影响。

为了验证以上所论述的观点，本章以2012～2015年我国A股上市公司为研究对象，实证分析高管影响力对企业社会责任履行的影响机理，考察不同的产权性质条件下高管影响力在影响企业社会责任履行方面存在何种差异，并进一步检验企业履行社会责任对提升高管影响力的影响。本章可能的贡献在于：（1）以往研究企业社会责任履行的相关影响因素，主要是基于企业外部环境和内部治理特征，而企业中具有核心领导地位的高管个人（比如董事长或CEO）对企业战略与经营决策能够产生重要影响，因此，本章在已有研究的基础上，实证检验作为企业核心竞争力组成部分的高管影响力对企业社会责任履行的影响。（2）我国是转型经济国家，不同产权类型的企业经营战略、经营目标等存在区别（杨俊杰和曹国华，2016）。比如国有企业以经济、政治及社会需求等多重目标为导向，国有企业高管在决策制定时除了要考虑经营业绩，还要更多地考虑政治和社会目标导向，国有企业和非国有企业高管的企业决策目标、决策风格和个性特点也有很大不同。因此，本章将区分产权性质，考察不同的产权性质下高管影响力对企业社会责任履行的影响差异。

6.1 理论分析与研究假设

6.1.1 高管影响力与企业社会责任

企业为什么要履行社会责任呢？从委托—代理理论视角分析，高管主动履行社会责任，并不符合委托人利益最大化原则。已有文献研究将企业履行社会责任主要动因归于企业发展需要、制度安排（Zyglidopoulos and Georgiadis，2012）、道德规范和外部压力（Porter and Kramer，2006）几个方面。而高管作为企业政策的主要决策者和执行者，高管影响力在推动企业履行社会责任中的作用不能被忽视。声誉理论认为，高管在经理人市场存在声誉维护的需要，高管影响力越大，往往对来自外界的声誉评价越敏感，高管通过履行社会责任，既可以展现高管的社会公众形象，又能提升企业的品牌价值（Graham et al.，2015）。博弈理论认为，高管影响力的建立和维护是一个循环的博弈过程，高管影响力的形成与积累是高管与利益相关者长期博弈的结果。庞兹等（2011）基于博弈理论研究高管的企业决策行为时认为，高管影响力的建立和维护是高管与利益相关者长期复杂博弈的结果，而履行社会责任则是高管处理这种复杂博弈关系的有效策略。激励理论认为，当高管获得了稳定的社会地位，并获得了尊重需要，往往只有更高层次的激励需求得到满足才能实现人生理想和抱负，最大化地发挥自己的潜能，达到自我价值实现。马斯洛需求层次理论也可以解释这一观点，当高管通过自己的努力满足了生理上、安全上、情感归属上以及尊重的需要以后，往往会最大化地发挥个人潜能，使自己越来越成为社会所期望的人物，而积极履行社会责任、勇于承担社会义务往往成为高管满足自我实现需要和实现人生理想的最佳途径（Hofstede，1984）。因此，高管影响力越大，越有动力和愿望通过履行社会责任实现自己的人生价值和理想。基于此，本章提出假设 H6a：

H6a：高管影响力越大，企业社会责任履行水平越高。

6.1.2 不同的产权性质下高管影响力对企业社会责任的影响差异

我国是转型经济国家，国有企业与非国有企业高管的管理风格和特点有很大不同（杨俊杰和曹国华，2016）。国有企业以经济、政治及社会等多重目标为导向，国有企业高管在企业战略决策和政策制定时除了要考虑经营业绩，还要更多地考虑政治和社会目标导向，比如要相应国家号召，符合环境保护、慈善事业、社会就业等社会责任要求。因此，国有企业高管面临着企业认同、政府认同和社会认同的多重压力，国有企业高管影响力越大，往往其来自社会各界的期望越高，通过积极履行社会责任，既能够满足企业业绩要求，又能够实现社会各界的期望，同时还可以为自己政治生涯提升争取更多筹码；而相比较国有企业，非国有企业在经济发展过程中能够享受到社会资源较少，在市场竞争中获得利益空间较小，高管在决策制定时面临的外部压力较小，存在的声誉风险较低，履行社会责任的积极性和主动性相对较低。因此，本章提出假设 H6b：

H6b：相对于非国有企业，高管影响力与国有企业履行社会责任的相关性更强。

6.2 样本选择和研究设计

6.2.1 样本选择与数据来源

为验证本章所提出的研究假设，本章选取了 2012～2015 年我国 A 股上市公司为样本数据，在研究过程中，为避免可能出现的内生性问题，高管影响力指标采用 t－1 期的数据，并按照以下标准对样本数据进行筛选与处理：（1）剔除金融、保险业公司；（2）剔除 ST、*ST 公司；（3）剔除样本数据中的异常数据以及各控制变量有缺失的数据。最终获得 1796 个有效样本数据用于实证检验与分析。

本章主要是通过以下途径获取相关研究数据：（1）企业社会责任（*CSR*）履行指标数据来自润灵环球企业社会责任评测体系评分；（2）高管影响力数据指标主要来自央视网、第一财经网站、新浪财经、财富中文网、福布斯中文网、百度百科以及相关的企业官网等；（3）涉及的上市公司相关财务数据来自国泰安数据库、万德数据库及相关的财经综合网站。

本章回归分析所使用的计量软件为 SPSS 22.0 版。

6.2.2　研究变量定义

（1）企业社会责任（*CSR*）。本章以 2012~2015 年润灵环球企业社会责任评级总得分作为替代指标。润灵环球责任评级公司对上市公司社会责任履行的评测数据来源于相关企业发布的年报和社会责任报告，该评测体系指标设置客观性强、信息量大、准确性高，被较多的学者用于度量上市公司社会责任履行水平的研究。在该评价体系中，*CSR* 评级总得分越高，表明上市公司社会责任履行水平越高。同时，为保证研究结果可靠，本章在进行稳健性检验时，用企业慈善捐助额占企业总资产的比例（*DON*）进行稳健性检验论证。

（2）高管影响力（*INF*）。借鉴米伯恩（Mibourn，2003）的研究做法，本章将高管界定为"总经理"或"董事长"。关于高管影响力的相关度量方法，目前学术界还存在较大的分歧，已有研究对高管影响力的度量主要是通过以下几种手段实现：第一，一种做法认为可以用媒体对高管的报道量作为高管影响力的替代变量，用谷歌新闻搜索或者百度新闻搜索高管姓名和企业名称，以计算的累计新闻报道次数作为高管影响力的替代指标。但是这种方法存在客观性较差，并且计算的累计报道次数存在重复报道的问题。第二，选用企业的业绩作为高管影响力的替代指标。这种度量方法并不准确，高管影响力与企业的业绩有较大差异，企业的业绩越好，并不代表高管的影响力越大。第三，以高管任期内获得的社会认可作为高管影响力的替代指标，比如高管的获奖等作为衡量高管影响力的指标。这种方法有一定的代表性，但是存在指标构成单一、数据量小结论不够稳健等问题。

借鉴已有研究，同时考虑高管影响力受多方面因素影响，本章将高管影响力定义为，由社会荣誉、行业影响力、企业影响力和政府影响力四个方面因素组成。其中社会荣誉选用高管任期内是否获得过省级及以上奖励作为替代指标[1]，有省级及以上获奖经历的赋值为1，否则赋值为0；行业影响力用任期内高管是否入选省市级以上媒体及财经网站名人榜评选作为替代指标[2]，高管任期内入选过媒体评选的名人榜单的，赋值为1，否则赋值为0；企业影响力用高管所在企业股东和员工的认同作为替代指标，任期内获得连任的，表示高管获得了股东和员工认同，赋值1，否则赋值为0；政府影响力用高管任期内是否有作为人大代表、政协委员或是否有政府工作经历作为替代指标，任期内有人大代表、政协委员或政府工作经历的，赋值1，否则赋值为0。最后再计算四个指标的总得分，以此作为高管影响力的替代指标，总得分越高，表示高管影响力越大。

高管影响力指标构成如表6-1所示。

表6-1 高管影响力指标构成

指标	社会荣誉 （省级及以上奖励）	行业影响力 （行业名人榜入选）	企业影响力 （是否连任）	政府影响力 （政治经历）
样本量	576	353	285	215
样本总量	1796	1796	1796	1796

资料来源：央视网以及相关企业官网等。

（3）控制变量。考虑到对企业社会责任可能产生影响的相关因素，本章借鉴布拉默和佩林（Brammer and Pavelin，2004）、崔秀梅（2009）、

---

[1] 考虑到地市级以下奖励数据不容易获取，选用了省级及以上奖励作为替代指标，包括"劳动模范""五一劳动奖章""优秀企业家""先进个人"等奖项。

[2] 将进入"CCTV年度经济人物""福布斯最佳CEO榜单""中国最佳商业领袖""财富中国最具影响力商界领袖""蒙代尔·世界经理人榜单""中国CEO年度人物颁奖典礼"六大认可度较高的奖项，以及省级及以上其他媒体、财经机构评选的排行榜入选作为依据。

沈洪涛（2010）相关研究做法，选取了公司规模（*SIZE*）、盈利能力（*EPS*）、财务杠杆（*LEV*）、产权性质（*STATE*）和上市年龄（*LISTGE*）作为本章研究的控制变量。此外，本在控制变量中还加入年度哑变量（*YEAR*）及行业哑变量（*INDUSTRY*），以控制年度和行业固定效应。

本章详细的变量定义如表6-2所示。

表6-2 变量定义与度量

变量符号	变量名称	变量度量标准
CSR	企业社会责任	采用润灵环球企业社会责任履行评级总得分
DON	慈善捐助	企业捐赠额占企业总资产的比例
INF	高管影响力	省级及以上奖励、入选行业名人榜、股东和员工认同及政府关系的加权总得分
INF-rep	社会荣誉	任期内获得省级及以上奖励，赋值1，否则赋值0
INF-cel	行业影响力	任期内入选过媒体评选的名人榜单，赋值1，否则赋值0
INF-sto	企业影响力	任期内获得本职位的连任，赋值1，否则赋值0
INF-gov	政府影响力	任期内有政府工作或人大、政协委员经历的，赋值1，否则赋值0
SIZE	公司规模	总资产的自然对数
EPS	盈利能力	净利润/股本总额
LEV	财务杠杆	资产负债率=总负债/总资产
STATE	产权性质	国有产权公司赋值为1，否则赋值0
LISTGE	上市年龄	上市年数
YEAR	年份	虚拟变量
INDUSTRY	行业	虚拟变量

6.2.3 研究模型构建

为检验高管影响力对企业社会责任的影响，同时考虑可能存在的内生性问题，借鉴姜付秀和黄继承（2011）相关研究，本章建立如下方程组模型对假设进行检验：

$$CSR = \beta_0 + \beta_1 INF + \beta_2 SIZE + \beta_3 EPS + \beta_4 LEV + \beta_5 STATE + \beta_6 LISTGE$$
$$+ \beta_7 YEAR + \beta_8 INDUSTRY + \varepsilon \qquad (6-1)$$

$$INF = \beta_0 + \beta_1 CSR + \beta_2 TOBIN + \beta_3 SIZE + \beta_4 EPS + \beta_5 LEV + \beta_6 STATE$$
$$+ \beta_7 LISTGE + \beta_8 YEAR + \beta_9 INDUSTRY + \varepsilon \qquad (6-2)$$

方程（6-1）为企业社会责任方程模型，将高管影响力指标作为滞后项，用于检验高管影响力对企业社会责任的影响，同时验证不同的产权性质下高管影响力对企业社会责任履行的影响作用差异；方程（6-2）为高管影响力方程模型，将企业社会责任指标作为滞后项，借鉴哈维等（Harvey et al.，2004）人研究，加入企业价值（采用托宾Q值），并将公司规模、盈利能力等作为控制变量，考察企业履行社会责任对高管影响力的影响。

6.3 实证检验及分析

6.3.1 变量的描述性统计

从表6-3可以看出，所选样本企业社会责任履行总得分最大值为87.95，最小值为15.12，中位数为36.06，标准偏差为12.04，反映出我国上市公司企业社会责任履行的总体水平差异较大。从高管影响力的总得分来看，最大值为4，最小值为0，中位数为0，均值为0.79，反映了我国上市公司高管影响力水平不高，总体差异明显，也从侧面反映出影响力较大的高管较聚集，说明我国市场经济条件下的经理人市场缺乏活力。

表6-3　　　　　　　　　　　　变量描述性统计

变量	观测值	均值	标准差	最小值	1/4 位数	中位数	3/4 位数	最大值
CSR	1796	39.17	12.04	15.12	31.00	36.06	44.35	87.95
INF	1796	0.79	0.96	0.00	0.00	0.00	1.00	4.00
SIZE	1796	23.16	1.47	20.18	22.06	23.01	24.08	28.51

续表

变量	观测值	均值	标准差	最小值	1/4 位数	中位数	3/4 位数	最大值
EPS	1796	0.45	0.53	-2.26	0.12	0.31	0.67	3.63
LEV	1796	49.59	20.21	0.80	34.81	51.32	65.37	93.06
STATE	1796	0.48	0.50	0.00	0.00	0.00	1.00	1.00
LISTGE	1796	12.07	5.53	0.00	8.00	12.00	16.00	25.00

从所选样本上市公司的控制变量描述性统计结果来看，企业规模、盈利能力、财务杠杆和上市年龄的平均数和中间数变化不大，说明所选样本的主要控制变量的描述性统计分布比较均匀，本章所选样本较为合理。

6.3.2　变量相关性分析

由表 6-4 的相关系数分析可知，高管影响力与企业社会责任的相关系数为 0.309，且在 1% 的水平下显著正相关，假设 H6a 和假设 H6b 可能会通过验证。由表 6-4 可知各主要变量相关系数都小于 0.5，说明本章研究所选各变量之间没有多重共线性问题。

表 6-4　　　　　　　　　　　相关系数分析

变量	*CSR*	*INF*	*SIZE*	*EPS*	*LEV*	*STATE*	*LISTGE*
CSR	1	—	—	—	—	—	—
INF	0.309 ***	1	—	—	—	—	—
SIZE	0.461 ***	0.178 ***	1	—	—	—	—
EPS	0.154 ***	0.117 ***	0.234 ***	1	—	—	—
LEV	0.105 ***	0.039 *	0.546 ***	-0.092 ***	1	—	—
STATE	0.217 ***	-0.040 *	0.354 ***	0.054 **	0.145 **	1	—
LISTGE	-0.024	-0.075 ***	0.193 ***	0.053 **	0.244 ***	0.177 ***	1

注：*** 表示在 1% 水平下显著；** 表示在 5% 水平下显著；* 表示在 10% 水平下显著。

6.3.3　回归分析

将高管影响力指标作为滞后项，运用企业社会责任方程模型（6-1）

进行检验。

由表 6 - 5 回归结果可以发现，高管影响力（*INF*）的回归系数为 0.164，并且在 1% 的水平下显著，说明高管影响力与企业社会责任履行呈显著的正相关关系。高管影响力越大，不管是出于经济动因、制度动因，还是自我实现需要，高管作为企业主要的政策制定者和执行者，当高管通过自己的努力满足了生理上、安全上、情感归属上以及尊重的需要以后，往往会最大化地发挥个人价值，使自己越来越成为社会所期望的人物，而履行社会责任、承担社会义务往往成为高管满足自我实现需要的最佳途径。由此，假设 H6a 得到了验证。

表 6 - 5 样本回归分析结果

变量	CSR	
	系数	T 值
C	− 54.506 ***	− 11.785
INF	0.164 ***	7.976
SIZE	0.519 ***	19.002
EPS	0.004	0.190
LEV	− 0.179 ***	− 7.047
STATE	0.079 ***	3.624
LISTGE	− 0.088 ***	− 4.183
YEAR	控制	
INDUSTRY	控制	
F 值	116.095 ***	
Adj. R^2	0.278	
N	1796	

注：*** 表示在 1% 水平下显著；** 表示在 5% 水平下显著；* 表示在 10% 水平下显著。

借鉴彭钰和陈红强（2015）研究方法，通过设置虚拟变量方法，对全样本高管影响力指标从高到低进行排序，以中位数为基准，高于中位数的高管影响力值赋值为 1，低于中位数的高管影响力值赋值为 0，应用全样本进行进一步的回归验证。由表6-6的回归结果可以看出，高管影响力的回归系数为0.225，并且在1%的水平下与企业社会责任履行呈显著正相关关系，研究结论未变。

表6-6 样本回归分析结果

变量	CSR	
	系数	T值
C	-51.647***	-11.305
INF	0.225***	11.049
SIZE	0.500***	18.518
EPS	0.006	0.295
LEV	-0.171***	-6.851
STATE	0.088***	4.089
LISTGE	-0.077***	-3.719
YEAR	控制	
INDUSTRY	控制	
F值	129.169***	
Adj. R²	0.302	
N	1796	

注：***表示在1%水平下显著；**表示在5%水平下显著；*表示在10%水平下显著。

同样将高管影响力的分维度指标分别与企业社会责任进行回归时，由表6-7的回归结果可以看出，社会荣誉（INF-rep）与企业社会责任（CSR）回归系数为0.274，且在1%水平下显著正相关；行业影响力（INF-cel）与企业社会责任（CSR）回归系数为0.229，且在1%的水平下显著正相关；企业影响力（INF-sto）与企业社会责任（CSR）回归系数为0.057，且在5%的水平下显著正相关；政府影响力（INF-gov）与企业社会责任（CSR）回归系数为0.083，且在1%的水平下显著正相关。所以，将高管影响力的分维度指标与企业社会责任进行回归时，高管影响力四个分维度指标都与企业社会责任履行呈显著正相关，进一步验证假设 H6a。

表 6 – 7　　　　　　　　　　　　样本回归分析结果

变量	CSR							
	系数	T 值	系数	T 值	系数	T 值	系数	T 值
C	− 47.641 ***	− 10.524	− 52.133 ***	− 11.459	− 57.678 ***	− 12.373	− 57.540 ***	− 12.337
INF – rep	0.274 ***	13.550						
INF – cel			0.229 ***	11.437				
INF – sto					0.057 **	2.565		
INF – gov							0.083 ***	4.017
SIZE	0.479 ***	17.938	0.508 ***	18.934	0.551 ***	20.152	0.544 ***	19.831
EPS	0.007	0.343	0.009	0.407	0.016	0.729	0.008	0.346
LEV	− 0.172 ***	− 7.009	− 0.156 ***	− 6.224	− 0.177 ***	− 6.865	− 0.180 ***	− 7.000
STATE	0.069 ***	3.297	0.075 ***	3.491	0.069 ***	3.297	0.075 ***	3.371
LISTGE	− 0.071 ***	− 3.465	− 0.096 ***	− 4.663	− 0.100 ***	− 4.698	− 0.090 ***	− 4.205
YEAR	控制		控制		控制		控制	
INDUSTRY	控制		控制		控制		控制	
F 值	142.925 ***		131.120 ***		105.487 ***		105.479 ***	
Adj. R²	0.322		0.303		0.259		0.259	
N	1796		1796		1796		1796	

注：*** 表示在 1% 水平下显著；** 表示在 5% 水平下显著；* 表示在 10% 水平下显著。

当区分产权性质，将企业分为国有类型和非国有类型以后，如表 6 – 8 所示，国有企业高管影响力（INF）的系数为 0.168，并且在 1% 的水平下显著正相关，非国有企业高管影响力（INF）的系数为 0.124，并且在 1% 的水平下显著正相关，通过两组高管影响力（INF）系数的对比可知，国有企业高管影响力（INF）的系数明显大于非国有企业高管影响力（INF）的系数，说明相比较非国有企业，国有企业高管影响力与企业社会责任的履行相关性更强。表明国有企业高管在决策制定过程中除了要考虑企业经营业绩，还要更多地考虑政治和社会目标导向，国有企业高管面临着企业认同、政府认同和社会认同的多重压力，国有企业高管影响力越大，往往其来自社会各界的期望越高，通过积极履行社会责任，既能够满足企业业绩要求，又能够实现社会各界的期望，同时作为国有企业的高管还可以为自己政治生涯提升争取更多筹码，由此，假设 H6b 得到了验证。

表 6 - 8　　　　　　　　　　　样本回归分析结果

变量	CSR			
	国有		非国有	
	系数	T 值	系数	T 值
C	− 59. 557 ***	− 8. 973	− 49. 534 ***	− 6. 680
INF	0. 168 ***	5. 564	0. 124 ***	4. 891
SIZE	0. 516 ***	14. 556	0. 483 ***	11. 432
EPS	0. 038	1. 278	− 0. 046	− 1. 364
LEV	− 0. 122 ***	− 3. 645	− 0. 238 ***	− 5. 838
LISTGE	− 0. 025	− 0. 858	− 0. 145 ***	− 4. 450
YEAR	控制		控制	
INDUSTRY	控制		控制	
F 值	78. 858 ***		36. 932 ***	
Adj. R^2	0. 312		0. 161	
N	860		936	

注：*** 表示在 1% 水平下显著；** 表示在 5% 水平下显著；* 表示在 10% 水平下显著。

当将高管影响力作为因变量，将企业社会责任作为滞后的自变量，运用高管影响力方程模型（6 - 2）进行回归检验，由表 6 - 9 的回归结果可以看出，企业社会责任履行（CSR）与高管影响力（INF）呈显著正相关关系，企业积极履行社会责任，也会显著地提高企业高管的影响力。企业通过履行社会责任，展示了企业的品牌形象，企业的品牌影响力得到了提升，而高管作为企业的形象代言人，通过履行社会责任，既提升了企业的影响力，同时，高管的影响力也会得到相应的提升（我们将在"进一步研究"部分深入讨论这个问题)。

表6-9 样本回归分析结果

变量	INF	
	系数	T值
C	-1.316**	-2.537
CSR	0.288***	11.060
TOBIN'Q	0.023	0.724
SIZE	0.092**	2.508
EPS	0.065***	2.730
LEV	-0.115	-4.031
STATE	-0.127***	-5.219
LISTGE	-0.071***	-3.033
YEAR	控制	
INDUSTRY	控制	
F值	35.478***	
Adj. R^2	0.120	
N	1776	

注: *** 表示在1%水平下显著; ** 表示在5%水平下显著; * 表示在10%水平下显著。

6.4 稳健性检验

为验证高管影响力与企业社会责任关系结论的稳健性,本章通过更换解释变量和被解释变量进行进一步回归验证。

6.4.1 改变解释变量的度量方式

为检验高管影响力与企业社会责任履行关系的稳健性,本章借鉴杨俊杰和曹国华 (2016) 的度量方法,运用百度新闻搜索功能,选取高管任期为搜索时间段,输入高管姓名和企业名称进行搜索,以得到的新闻总数目作为高管影响力的替代变量，进行回归验证。

如表 6 – 10 为稳健性检验结果，从回归结果可以看出，高管影响力（INF）的回归结果为 0.127，并且在 5% 的水平下显著，表明改变度量方式以后，高管影响力与企业社会责任关系不变。

表 6 – 10 稳健性检验结果

变量	CSR	
	系数	T 值
C	− 54.407 ***	− 11.614
INF	0.127 **	2.496
SIZE	0.524 ***	18.949
EPS	− 0.007	− 0.341
, LEV	− 0.169 ***	− 6.604
STATE	0.078 ***	3.547
LISTGE	− 0.095 ***	− 4.484
YEAR	控制	
INDUSTRY	控制	
F 值	110.040 ***	
Adj. R²	0.267	
N	1796	

注：*** 表示在 1% 水平下显著；** 表示在 5% 水平下显著；* 表示在 10% 水平下显著。

为检验不同产权性质下高管影响力对企业社会责任履行影响差异结果的稳健性，本章借鉴才国伟等（2015）研究方法，通过设置虚拟变量，对全样本中国有企业高管影响力值赋值为 1，对非国有企业高管影响力值赋值为 0，应用全样本进行进一步的回归验证。

如表 6 – 11 为稳健性回归结果，由结果可知，设置为虚拟变量以后，高管影响力（INF）的回归系数为 0.064，与企业社会责任履行呈正相关关系，并且在 1% 的水平下显著，说明高管影响力赋值越大，企业社会责任履行水平相对越高，相比较高管影响力赋值为 0 的样本，赋值为 1 的企业社会责任履行水平更高，即相比较非国有企业，国有企业高管影响力对企业社会责任履行的影响作用更强，进一步验证了研究结论的稳健可靠。

表 6 – 11 　　　　　　　　　　稳健性检验结果

变量	CSR	
	系数	T 值
C	– 58. 856 ***	– 12. 597
INF（虚拟变量）	0. 064 ***	2. 889
SIZE	0. 555 ***	20. 255
EPS	– 0. 009	0. 394
LEV	– 0. 183 ***	– 7. 074
LISTGE	– 0. 099 ***	– 4. 621
YEAR	控制	
INDUSTRY	控制	
F 值	122. 314 ***	
Adj. R^2	0. 253	
N	1796	

注：*** 表示在 1% 水平下显著；** 表示在 5% 水平下显著；* 表示在 10% 水平下显著。

6.4.2　更换被解释变量的代理变量

为检验被解释变量企业社会责任对于研究结果的稳健性，本章借鉴已有的相关研究做法，考虑企业慈善捐赠与企业履行社会责任的紧密联系，同时为了确保不同企业间的慈善捐助水平的横向可比性，最后选用了样本企业慈善捐赠额与企业总资产之比（DON）来作为被解释变量的替代变量，进行稳健性检验，稳健性检验结果如表 6 – 12 所示。

由表 6 – 12 回归结果可知，高管影响力（INF）与企业慈善捐助（DON）的回归系数为 0. 150，且在 1% 的水平下显著正相关，表明高管影响力越大，所在企业慈善捐助水平相对越高，验证了本章研究结论稳健可靠，即高管影响力越大，企业社会责任履行水平相对越高。

表 6 - 12　　　　　　　　　稳健性检验结果

变量	DON	
	系数	T 值
C	0. 599 ***	11. 029
INF	0. 150 ***	3. 397
SIZE	0. 057	0. 996
EPS	0. 226 ***	5. 255
LEV	− 0. 128 **	− 2. 494
STATE	− 0. 294 ***	− 6. 410
LISTGE	− 0. 168 ***	− 3. 917
YEAR	控制	
INDUSTRY	控制	
F 值	23. 706 ***	
Adj. R^2	0. 219	
N	487	

注：*** 表示在 1% 水平下显著；** 表示在 5% 水平下显著；* 表示在 10% 水平下显著。

6.5　进一步研究

6.5.1　企业履行社会责任对高管影响力提升的影响

本章通过实证检验了高管影响力对企业社会责任履行的作用，并且企业履行社会责任同样对高管影响力提升产生影响。那么，企业履行社会责任为什么能够提升高管影响力？从已有的研究成果来看，企业履行社会责任产生的效应主要集中于三个方面。

第一，企业履行社会责任有助于提升企业品牌影响力。在品牌影响相关研究范式下，企业的社会责任战略和方向对企业的品牌影响力的影响是一个长期性积累的过程。茹兴娜（2009）研究认为，当今的企业竞争已经从单纯的商品、服务竞争演化为深化的文化内涵品牌竞争，而企业的战略性社会责任文化能够为企业的品牌影响力提升添加筹码，社会责任的文化氛围越浓厚，企业品牌影响力的生命力越强。温炎（2012）以我国上市公司为研究对象，通过研究发现企业履行社会责任对企业员工的忠诚度、企业声誉和消费者认同都有显著的正向影响，并强调了企业在决策中应该更好地处理好企业社会责任和品牌影响力的关系。

第二，企业履行社会责任有助于提升企业形象与声誉。企业的形象和声誉反映了企业的公信力和在市场中的可信度，而企业履行社会责任有助于提升企业的形象和企业声誉。郝儿（1993）认为作为企业最重要的无形资产，企业声誉的建立是一个需要长期建立并维护的资源，并且存在"易碎性"。罗伯特和唐宁（Robert and Dowling，2002）研究指出，企业声誉作为社会认可的资产，表明企业拥有比其他竞争对手更高可信度和价值创造能力。卡罗尔等（2008）基于企业声誉研究社会责任时认为，当企业履行社会责任而满足利益相关者的需求时，可以强化利益相关者对企业的认知水平。在美国的一项关于企业的社会活动与企业声誉的调查，通过他们的调查发现，如果企业能够按照社会规范行事，并且遵守法律履行社会义务，企业就可以在商业和社会领域获得好的声誉。汪凤桂和戴朝旭（2012）研究认为，企业的社会责任和社会担当越大，企业获得的外界声誉认可也就越多。田虹和姜雨峰（2015）通过研究证实了这一观点，他们在研究中发现，相比较履行社区责任，企业更多地关注消费者、媒体和政府等利益相关者更为迫切的问题对企业声誉的维护影响更大。

第三，企业履行社会责任有助于提升企业的行业地位。在商业经济研究领域，也有学者认为企业通过积极履行社会责任，可以通过获得竞争和发展优势而提升企业的行业地位。在已有的文献中，瑞尔等（2009）研究认为，随着市场竞争环境的不断变化，企业之间的竞争已由质量竞争、服务竞争转化为获得更多的"资源和机会"的竞争，企业越来越注意到借助于履行社会责任为企业带来的资源优势和机会优势。布拉默等（2009）研究认为，通过社会责任，企业在商业界可以获得的投资者和合资伙伴的青睐，能够展示的企业的行业地位，这比竞争对手在市场风险中更具竞争优势。

为实证分析企业履行社会责任对高管影响力提升的具体影响，本部分继续沿用前文对高管影响力和企业社会责任的概念界定与度量方式，同时考虑控制变量在实证研究中存在的差异，在控制变量中加入 $Tobin'Q$ 值，从企业履行社会责任对高管影响力的声誉影响力、行业影响力、企业影响力和政府影响力分别进行回归检验。

从表 6 - 13 回归结果可以看出，企业社会责任（CSR）与高管声誉影响力（$INF - rep$）的系数为 0.336，存在显著正相关关系，说明企业履行社会责任对高管的个人声誉建立具有积极的正向影响；企业社会责任（CSR）与高管行业影响力（$INF - cel$）的系数为 0.309，存在显著正相关关系，说明企业履行社会责任对高管的行业影响力提升具有积极的正向影响；企业社会责任（CSR）与高管企业影响力（$INF - sto$）的系数为 0.023，但是并不显著，说明企业履行社会责任对于高管在企业内部影响力的提升作用并不显著；企业社会责任（CSR）与高管在政府的影响力（$INF - gov$）的系数为 0.107，存在显著正相关关系，说明企业履行社会责任可以提升高管的政府形象。

表 6 - 13　　　　　　　　　样本回归分析结果

变量	INF - rep		INF - cel		INF - sto		INF - gov	
	系数	T 值	系数	T 值	系数	T 值	系数	T 值
C	- 1.186 ***	- 4.834	- 0.122	- 0.561	0.352	1.696	- 0.359 *	- 1.956
CSR	0.336 ***	13.264	0.309 ***	11.679	0.023	0.680	0.107 ***	3.921
$TOBIN'Q$	0.087 ***	2.811	0.059 *	1.811	0.104 ***	3.803	0.040	1.210
$SIZE$	0.129 ***	3.634	0.008	0.210	- 0.012	- 0.322	0.089 **	2.342
EPS	0.054 **	2.323	0.001	0.012	0.092 ***	3.640	0.012	0.474
LEV	0.051 *	1.729	- 0.086 ***	- 2.828	0.039	1.221	- 0.002	- 0.075
$STATE$	- 0.043 *	- 1.805	- 0.070 ***	- 2.839	- 0.081 ***	- 3.163	- 0.136 ***	- 5.376
$LISTGE$	- 0.068 ***	- 2.970	0.013	0.562	- 0.028	- 1.151	- 0.097 ***	- 3.965

变量	INF – rep		INF – cel		INF – sto		INF – gov	
	系数	T 值	系数	T 值	系数	T 值	系数	T 值
YEAR	控制		控制		控制		控制	
INDUSTRY	控制		控制		控制		控制	
F 值	51. 282 ***		27. 046 ***		6. 754 ***		11. 523 ***	
Adj. R²	0. 165		0. 103		0. 022		0. 040	
N	1776		1776		1776		1776	

注： *** 表示在 1% 水平下显著； ** 表示在 5% 水平下显著； * 表示在 10% 水平下显著。

本部分实证检验证明，企业积极履行社会责任，能够通过影响高管个人声誉、高管的行业影响力以及政府形象进而影响高管个人影响力提升。本章的研究结论进一步证明了企业积极履行社会责任，有利于企业的长期可持续发展，对企业、对社会、对利益相关者和高管个人都有积极的正向影响。

6.5.2 高管影响力对企业社会责任履行的影响：媒体监督的作用

已有大量研究表明，媒体在公司治理中扮演着重要的监督者角色。媒体的监督作用主要是通过声誉机制和行政介入机制实现的（Dyck and Zingales，2002；Besley and Prat，2006；李培功和沈艺峰，2010）。在声誉机制研究方面，法玛和詹森（1983）研究认为，媒体报道可以通过影响经理人声誉而影响公司行为，经理人只有积极响应外部需求才能为自己获取更多的声誉资本。戴克和津加莱斯（2002）通过研究证实了这一观点，认为媒体的负面报道会导致企业形象受损，进而造成企业在资本市场的不利影响。费尔南德斯和桑塔洛（2010）研究也认为，媒体的持续报道和关注能够对企业形成"盯住效应"，给企业决策者带来巨大声誉压力。而李培功和沈艺峰（2010）则以中国的经验证据，证实了行政介入机制对于转型经济国家更为有效。总的来说，不管是声誉压力还是行政介入压力，不管是在发达国家还是转型经济国家，媒体报道尤其是媒体负面报道都能够通过监督机制发挥作用，能够有效督促企业做出有利于社会期望的改变。

那么，在我国特定的制度环境下，来自企业外部治理机制的媒体报道是否能够对企业高管的社会责任行为产生有效的监督呢？本章认为，媒体监督可以强化高管影响力与企业社会责任履行的正相关关系。这是因为，第一，媒体监督越强，高管的声誉压力越大，高管的影响力越大，往往对来自外部监督的媒体监督越敏感，出于声誉维护，进而作出积极回应。第二，高管影响力越大，来自外界的媒体报道越容易引起"轰动效应"，一旦出现负面报道并引起"轰动效应"，社会对高管的失望值也越大，造成高管声誉受损和给企业带来的损失也会越多。因此，高管影响力越大，更愿意积极面对媒体监督，积极响应社会需求履行社会责任。第三，媒体的监督和报道也为企业提供了一个较好的宣传平台，有影响力的高管更懂得利用媒体这一宣传媒介展示企业形象和品牌（王波等，2017）。因此，本节认为：高管的影响力越大，媒体的监督作用越容易发挥，企业社会责任履行越好。

为验证上述观点，本节将媒体的报道总数量（$MEDIA_1$）作为媒体监督的替代指标。借鉴孔东民等（2013）对媒体关注的度量方法，从中国知网（CNKI）选择了包括《中国证券报》《证券日报》《中国经营报》等在内的共计八份较权威的财经报纸，同时考虑内生性问题，选取前一年对上市公司的报道次数作为媒体关注的度量指标。为进行稳健性检验，将新闻标题中包括"违规""下降""亏损"等负面词汇的界定为负面报道，统计了样本企业的负面报道次数，并以负面报道次数占总报道数量的比例（$MEDIA_2$）作为媒体监督的替代变量。构建的检验模型如下：

$$CSR = \beta_0 + \beta_1 INF + \beta_2 MEDIA_i + \beta_3 INF \times MEDIA_i + \beta_4 SIZE + \beta_5 EPS$$
$$+ \beta_6 LEV + \beta_7 STATE + \beta_8 LISTGE + \beta_9 YEAR + \beta_{10} INDUSTRY + \varepsilon$$

$$(6-3)$$

由表 6-14 可知，将媒体监督和高管影响力交互以后，媒体监督（$MEDIA_1$）与企业社会责任（CSR）回归系数为 0.113，并且在 10% 的水平下显著正相关；高管影响力（INF）与企业社会责任（CSR）回归系数为 0.087，并且在 1% 的水平下显著正相关；媒体监督和高管影响力的交互项（$MEDIA_1 * INF$）的系数为 0.196，并且在 1% 的水平下显著正相关。

表明高管影响力越大，媒体的监督作用越容易发挥，媒体监督对企业社会责任履行的促进作用越强，也说明了媒体监督与高管影响力对企业社会责任履行影响方面存在互补效应。为验证研究结果的稳健性，本节将负面报道次数占总报道次数比例（$MEDIA_2$）与企业社会责任履行指数进行回归验证，相关结果并未发生变化。

表 6 – 14   样本回归分析结果

变量	CSR	
	系数	T 值
C	−23.034 ***	−3.954
$MEDIA_1$	0.113 *	1.751
INF	0.087 ***	3.092
$MEDIA_1 * INF$	0.196 ***	2.938
SIZE	0.339 ***	9.751
EPS	0.001	0.051
LEV	−0.115 ***	−4.031
STATE	0.086 ***	3.560
LISTGE	−0.112 ***	−4.779
YEAR	控制	
INDUSTRY	控制	
F 值	87.264 ***	
Adj. R^2	0.341	
N	1796	

注：*** 表示在 1% 水平下显著；** 表示在 5% 水平下显著；* 表示在 10% 水平下显著。

6.6 研究结论

本章以 2012～2015 年中国 A 股上市公司为研究样本，实证检验了高管影响力与企业社会责任的关系。通过本章研究得出的结论是：

（1）高管影响力与企业社会责任履行呈显著的正相关关系。高管影响力越大，不管是出于经济动因、制度安排还是自我价值实现的需要，高管都有动力推动所在企业积极履行社会责任，选取其他变量作为高管影响力的替代变量进行稳健性检验，研究结论一致。

（2）相比较非国有企业，国有企业高管影响力与企业社会责任履行相关性更强。国有企业高管面临着企业认同、政府认同和社会认同的多重压力，国有企业高管影响力越大，往往其来自各界的期望越高，通过积极履行社会责任，既能够满足企业业绩要求，又能够实现社会各界的期望，同时还可以为自己政治生涯提升争取更多筹码。

（3）本章进一步研究发现，企业积极履行社会责任，可以通过提高企业的品牌影响力、企业声誉和行业竞争优势进而提升高管的个人声誉、行业影响力和政府影响力。

（4）随着媒体技术的不断进步，来自企业外部的媒体报道可以强化高管影响力与企业社会责任的正相关关系。高管影响力越大，媒体的监督作用越容易发挥，面对着来自外部的社会责任需求，高管更会积极履行社会责任。

本章的研究结论具有重要的理论和现实意义。

第一，从高管的影响力视角研究对企业社会责任的影响，在已有的研究文献中还比较鲜见。高管作为企业主要的政策制定者和实施者，高管对企业社会责任履行的推动作用不可忽视。

第二，基于高管的影响力并将指标量化，实证检验了高管影响力与社会责任二者之间的关系与影响机理，本章研究所采用的研究方法与度量手段可以给今后开展类似的研究提供新的思路和度量方法借鉴。

第三，高管影响力是企业核心竞争力的重要组成部分，不管是在今后的政府管理还是在企业管理当中，都应高度重视高管影响力对推进企业社会责任履行的重要作用。

第四，媒体监督可以强化高管影响力对企业社会责任的影响，新时期应该重视新闻媒体的功能，保障媒体信息传播的及时性、准确性，更好地为企业社会责任服务。

第 7 章

媒体报道和高管影响力的交互效应与
企业社会责任实证研究

近年来，雾霾天气、电信诈骗、食品安全等问题屡见不鲜，中国企业的社会责任问题引起了社会的广泛关注，也给中国经济可持续发展带来了严峻的考验。对于企业社会责任的理解，按照亚当·斯密的观点，企业的首要任务是提供社会所需要的产品和服务，并能够以消费者可接受的价格出售，那么企业就尽到了社会责任。随着社会的进步和人民生活水平的提高，消费者对企业的期望已经开始转向质量要求、生活环境的改善以及劳动者权益保障等多个方面。美国学者鲍文和约翰逊（1953）认为，企业社会责任是指企业除了通过合法的生产与经营获取利润以外，还应该回报社会，承担社会义务，满足社会的期望。企业社会责任问题越来越受到国际社会的广泛关注，随着我国企业的成长与壮大，企业履行社会责任水平相比以前有了较大的提高。但是，总体来看，我国企业的社会责任履行的总体水平仍然较低，据 2016 年《企业社会责任蓝皮书》数据显示，中国企业的社会责任发展指数整体水平仍然较低，甚至民营企业和外资企业社会责任发展指数出现下降趋势。因此，研究我国企业的社会责任履行状况，探寻转轨经济背景下影响我国企业社会责任履行的因素，并提出应对策略，就成为迫切需要解决的现实课题。

围绕影响企业社会责任履行的外部因素，戴克和津加莱斯（2002）提出媒体报道的公司治理作用以来，国内外学者从媒体治理的机制（Dyck and Zingales，2008；李培功和沈艺峰，2010）、高管薪酬与董事会决策（Joe et al.，2009；Enikolopov and Petrova，2011）、公司业绩改善（Kuhnen and Niessen，2009）、控股股东行为（李明和叶勇，2016）等多个角度证实了媒体报道对公司治理的影响。2009 年，《星期日泰晤士报》发表了一篇关于高盛投资公司的社会责任的负面报道，高盛投资公司迫于媒体报道的压力，在 2010 年将用于慈善捐助（philanthropic contributions）方面的投入从原来的 7000 万美元提供到 3.15 亿元①。2013 年 3 月，央视媒体报道了"傲慢的洋品牌"直击苹果公司歧视中国消费者事件，通过多个新闻栏目揭露了苹果公司针对中国用户的不合理售后维修政策，被曝光以后，苹果公司 CEO 库克发信给中国消费者致歉，并重点对《维修条款和条例》进行了改进②。已有研究和现实案例表明，媒体作为信息传播的中介，对于督促企业履行社会责任有重要的影响，其对企业违规行为的揭示可以通过媒体传播的"轰动效应"迅速传开，给公司高层产生巨大压力，进而敦促企业改善公司治理，积极履行社会责任。

围绕影响企业社会责任履行的内部治理因素，以往的研究主要是从企业成长性（Mcwilliams. A and Siegel. D，2001；Jennifer et al.，2008；周中胜等，2012）、公司业绩（Malmendier and Tate，2009；王波等，2014；Wang，J. and K. Ye，2015）、公司特征（Porter and Kramer，2006；张广玲等，2015）等几个因素展开，而忽视了作为企业无形资产的高管影响力对企业履行社会责任的影响。高管作为企业形象的代言人，高管影响力对企业的产品销售、经营业绩以及处理利益相关者的关系有重要影响（Steven等，2015）。从已有研究文献中，本森（1998）的研究认为，良好的高管影响力往往意味着丰富的管理实战经验和阅历，而这些是企业核心能力的重要组成部分。布拉默等（2004）的研究认为，声誉较高的高管获取社会资源和相关信息的能力较强，找出问题、分析问题和解决问题的能力也越强，保持企业持续成长的能力也越强。史蒂芬等（2015）的研究认为，高管代表了企业的形象，外界对企业的认知往往会通过从对高管的了解中获取。随着近年来对企业社会责任的重视，学者逐渐开始关注高管影响力

---

① Jingoo Kang，Y. Han Kim. The Impact of Media on Corporate Social Responsibility. Working Paper，University of Pennsylvania，Pennsylvania，June 29，2013.

② 毛黎强：《用硬规则破"苹果式傲慢"》，载《人民日报》2013 年 3 月 29 日。

和企业社会责任的研究，金谷和金汉义（2013）的研究认为，高管的社会影响力对企业履行社会责任有重要的影响作用。郑冠群等（2015）从高管层特征视角分析了对企业社会责任信息披露的影响。汪凤桂和戴朝旭（2015）比较研究了高管影响力和企业社会责任的关系，并构建了二者关系的概念模型。从已有研究文献来看，研究高管影响力对企业社会责任履行的文献较为鲜见，笔者认为主要原因一方面是受制于高管影响力的概念模型还比较模糊，高管影响力度量困难；另一方面是有关社会责任履行的评价标准还有争议。这些问题都有待于理论界的进一步研究来解决。

本章研究的目的是在于研究媒体报道、高管影响力对企业社会责任履行的影响。本章可能的贡献在于：（1）以往研究主要集中于媒体报道对企业社会责任信息披露的影响，本章在已有研究的基础上，将进一步分析媒体报道对企业社会责任履行的影响机理；（2）关于影响企业社会责任履行的企业内部因素，以往的研究大多关注企业的内部特征，如企业的规模、企业成长性、公司业绩等，较少有文献从高管影响力视角进行实证分析，本章研究则通过构建高管影响力量化指标，实证检验高管影响力对企业社会责任履行的影响，有助于更好地把握企业社会责任履行的影响因素，提出相应的应对措施；（3）本章研究将实证检验媒体报道与高管影响力对企业社会责任履行的影响关系，分析二者是此强彼弱的替代关系还是互相促进的互补关系，因此，本章研究将进一步丰富社会责任理论体系。

7.1　理论分析与研究假设

7.1.1　媒体报道和企业社会责任

媒体报道作为企业行为的外部监督力量，对于督促企业主动承担各利益相关者的责任有着不可忽视的作用（Dyck and Zingales，2002）。媒体是指以报纸、广播、电视、网络等为传播媒介，能够准确、及时传播公众需要信息的服务机构。从媒体的社会职能来看，按照美国弗雷德·希伯特教授和西奥多·彼得森教授的观点，媒体报道要忠于事实，能够准确反映社会需求，同时还必须符合社会利益。近年来，随着媒体技术的进步，媒体的监督作用也在逐步增强。媒体为什么能够在公司治理中承担起监督者的角色？已有大量研究认为，媒体的监督作用主要是通过声誉机制和行政介入机制实现的（Dyck and Zingales，2002；Besley and Prat，2006；李培功和沈艺峰，2010）。在声誉机制研究方面，法玛和詹森（1983）研究认为，媒体报道可以通过影响经理人声誉而影响公司治理，经理人只有积极响应外部需求才能为自己获取更多的声誉资本。戴克和津加莱斯（2002）通过研究证实了这一观点，认为媒体的负面报道会导致企业形象受损，进而造成企业在资本市场的不利影响。费尔南德斯和桑塔洛（2010）研究也认为，媒体的持续报道和关注能够对企业形成"盯住效应"，给企业决策者带来巨大声誉压力。而李培功和沈艺峰（2010）则以中国的经验证据，证实检验了行政介入机制对于转型经济国家更为有效。总的来说，不管是声誉压力还是行政介入压力，不管是在发达国家还是转型经济国家，媒体报道都能够通过监督机制发挥作用，督促企业做出有利于社会期望的改变。

对企业来讲，企业生产经营的主要目的是为了获取利润，如果企业履行社会责任，必然会导致利润下降，这与企业追求利润最大化的原始动机相悖。关于企业履行社会责任的动因，不同的学者给出了不同的观点。波特和克雷默（2006）研究认为，企业履行社会责任主要是社会契约方施加的压力所致，包括新闻机构、政府、投资者等各方的压力是企业履行社会责任的主要动机。按照乔治·艾迪斯（2012）的观点，企业履行社会责任更多的是受制于制度约束，在一些发达资本主义国家，履行社会责任是国家对企业的法律要求，企业除了要通过生产经营获取利润，还必须承担社会义务。崔秀梅（2009）通过研究中国企业社会责任履行时发现，道德因素和经济动因是驱动我国上市公司履行社会责任的主要因素，企业履行社会责任，一方面是为了提高道德声誉；另一方面是为了获取更多的发展资源，履行社会责任对企业长期发展有利。

因此，从媒体的公司治理监督职能和企业社会责任的履行动机分析，媒体报道能够给企业带来外部压力，不管是企业出于自愿性还是被迫性，都会对媒体报道做出积极回应，履行社会责任，因此，本章提出假设 H7a：

H7a：媒体报道越多，企业社会责任履行水平越高。

7.1.2 高管影响力和企业社会责任

美国著名学者法玛最早在 1979 年将高管影响力概念引入经济学领域，他认为经理们出于对今后职业前途及外部压力（声誉）的考虑而努力工作。对于高管影响力的含义及影响，埃克尔斯等（2011）的研究认为，高管影响力是企业管理者管理能力和人格魅力的代名词，高管影响力较高的企业可以获得更好的员工和更高的外部认可。李辰颖和杨海燕（2012）的研究认为，高管影响力可以给予交易主体带来更多的收益，同时也会激励高管在交易过程中更加积极去建立和维护自己的声誉。史蒂芬等（2015）的研究认为，高管是企业形象的代言人，高管影响力对企业的产品销售、经营业绩以及处理与利益相关者的关系有重要影响。可见，高管影响力作为企业的重要无形资产，对于企业经营决策与发展有重要的影响。

关于高管影响力与企业履行社会责任之间的关系，博弈理论认为，高管影响力的建立和维护是高管与各利益主体长期复杂博弈的结果，履行社会责任则是高管处理这种复杂博弈关系的有效策略（Ponzi et al.，2011）。史蒂芬等（2015）的研究认为，拥有较高声誉的 CEO 更懂得研究利益主体之间的博弈行为，以求得最佳的利益策略，他在研究中发现，拥有较高声誉的 CEO，更愿意通过塑造社会责任形象来展示企业品牌形象，为企业长期发展获得竞争优势。因为从企业可持续发展角度来讲，高管肩负着企业可持续发展使命，同时又背负着来自社会各界的期望，高管履行社会责任，表面上看是对股东利益的侵害，但是从企业长期发展的角度来看，拥有较高声誉的高管往往拥有较丰富的社会网络资源，通过履行社会责任，可以巩固企业与政府、利益相关者和社会的关系，树立典型，对企业争取到更多的发展资源有利。激励理论认为，当高管获得了足够的报酬和荣誉，满足了尊重需要，往往还期望有所作为并获得外界的赞赏（Riel and Dijkstra，2009）。这一点可以通过马斯洛需求层次理论进行阐述，马斯洛需求层次理论将人的需要分为生理需要、安全需要、社交需要、尊重需要和自我实现需要。当高管实现了生理需要、安全需要，拥有了广泛的社交网络并获得了尊重，只有自我价值实现这一更高层次的需要对他更有意义，因此，更有动力通过履行社会责任实现自己的人生价值。因此，基于以上分析，本章提出假设 H7b：

H7b：高管影响力越高，企业社会责任履行水平越高。

我国是转型经济国家，国有企业与非国有企业在经营目标、资源分配等方面存在很大的差异，这也导致国有企业与非国有企业高管的风格和特点有很大不同（张广玲等，2015）。国有企业以经济、政治及社会等多重目标为导向，国有企业高管在决策制定时除了要考虑经营业绩，还要更多地考虑政治和社会目标导向，比如要相应国家号召，要符合环境保护、慈善事业、社会就业等社会责任要求。因此，国有企业高管面临着企业认同、政府认同和社会认同的多重声誉压力，国有企业高管影响力越高，往往其来自社会各界的期望越高，声誉风险也就越大，因此，通过积极履行社会责任，既能够满足企业业绩要求，又能够实现社会各界的期望，同时还可以为自己政治生涯提升争取更多筹码；另外，相比较国有企业，非国有企业在经济发展过程中能够享受到社会资源较少，在市场竞争中获得利益的空间较小，高管在决策制定时考虑的因素较少，面临的声誉风险较低，履行社会责任的积极性和主动性相对较低。因此，本章提出假设 H7c：

H7c：相对于非国有企业，高管影响力对国有企业履行社会责任的影响作用更强。

7.1.3 媒体报道和高管影响力的交互作用

作为企业外部治理机制的媒体报道和企业内部治理特征的高管影响力，二者之间对企业社会责任履行的影响可能存在互补效应或替代效应。

本章研究认为，在我国特定的制度环境下，媒体报道和高管影响力对企业社会责任的履行存在互补效应。其原因有以下几个方面：（1）一方面，声誉越高，高管往往越容易关注外界的声誉评价，对来自外部监督的媒体报道越敏感，出于声誉维护，进而作出积极回应。另一方面，高管的声誉越高，往往其社会影响力越大，社会对高管的期望值越大，一旦出现负面报道并引起"轰动效应"，社会对高管的失望值也越大，造成高管影响力受损和给企业带来的损失也会越多。因此，拥有较高影响力的高管，更愿意积极面对媒体报道，履行社会责任。（2）从企业的可持续发展角度分析，影响力较高的高管，往往媒体对其关注度也越高，通过积极履行社会责任，可以通过媒体这一宣传工具，为企业树立积极履行社会责任的好典型，从而密切企业与政府、投资者和社会的关系网络，对企业可持续发展有利。因此，不管是出于高管影响力维护还是企业可持续发展需要，高管影响力越高，媒体的监督作用越容易发挥，媒体报道对企业社会责任履行的促进作用越强。因此，本章提出假设 H7d：

H7d：媒体报道与高管影响力对企业社会责任的影响存在互补效应。

7.2　样本选择和研究设计

7.2.1　样本选择与数据来源

本章选择 2012~2014 年我国 A 股上市公司为研究样本，在此基础上进一步剔除：（1）金融、保险业公司；（2）ST 公司；（3）财务数据有缺失的公司，最终获得有效样本共计 1359 个观测值。

本章的数据来源主要有三个途径：一是企业社会责任评分来自润灵环球责任评级公司对企业社会责任专业评测体系。二是高管影响力的数据指标来自央视网、福布斯中文网、新浪财经、第一财经网、财富中国网、百度百科以及相关企业官网等，全部手工收集；媒体报道的数据从知网中国重要报纸全文数据库中手工收集。三是上市公司的财务数据来自新浪财经、CSMAR 数据库和 WIND 数据库。本章所使用的统计软件为 SPSS 22.0。

7.2.2　研究变量定义

（1）高管影响力（REP）。本章研究将高管影响力定义由社会荣誉、行业影响力、企业影响力和政府影响力四个方面因素组成。其中社会荣誉选用高管是否获得过省级及以上奖励作为替代指标，有省级及以上获奖经历的赋值为 1，否则赋值为 0；行业影响力用任期内高管是否入选省市级以上媒体及财经网站名人榜评选作为替代指标，高管任期内入选过媒体评选的名人榜单的，赋值为 1，否则赋值为 0；企业影响力用高管所在企业股东和员工的认同作为替代指标，任期内获得连任的，表示高管获得了股东和员工认同，赋值 1 分，否则赋值为 0；政府影响力用高管任期内是否有作为人大代表、政协委员或是否有政府工作经历作为替代指标，任期内有人大代表、政协委员或政府工作经历的，赋值 1 分，否则赋值为 0。最后计算四个指标的总得分，以此作为高管影响力的替代指标。

（2）媒体报道（$MEDIA_i$）（$i = 1，2$）分别表示媒体的报道总数量和负面报道的数量。本章借鉴孔东民等（2013）对媒体报道的度量方法，从中国知网（CNKI）《中国重要报纸全文数据库》中选择了最具有影响力的全国性财经日报包括《证券时报》《中国证券报》《上海证券报》《证券日报》《中国经营报》《经济观察报》《21 世纪经济报道》及《第一财经日报》共计八份报纸上对上市公司的报道次数作为媒体报道的度量指标。为进行稳健性检验，同时又统计了每家样本企业的负面报道次数。为避免可能存在的内生性问题，采用上述报纸前一年有关公司的所有新闻报道来衡量公司的媒体报道水平，并使用"标题查询"和"主题查询"两种方式分别对样本公司的全称及简称进行搜索。

（3）被解释变量：企业社会责任（CSR）。本章借鉴已有研究，以 2012～2014 年润灵环球责任评级公司对企业社会责任的评级得分作为衡量企业社会责任履行度的替代指标。在该评分体系中，CSR 评分越高，表示该上市公司履行社会责任越好。润灵环球企业社会责任的评测体系数据来源于上交所和深交所的上市公司发布的企业社会责任报告和年报，评价指标全面，具有客观性强、数据量大的特点，被较多学者作为研究衡量企业社会责任履行水平的变量。

（4）控制变量。考虑到对企业社会责任可能产生影响的各种因素，结合国内外研究文献，公司规模（$SIZE$）和盈利能力（EPS）（沈洪涛，2010）、财务杠杆（LEV）（崔秀梅，2009）对企业社会责任有重要的影响，同时参考现有研究，本章进一步选取了产权性质（$STATE$）、上市年龄（$LISTGE$）以及行业（$INDUSTRY$）和年份（$YEAR$）作为控制变量。本章详细的变量定义见表 7 – 1。

表 7 – 1   变量定义与度量

变量符号	变量名称	变量度量标准
CSR	企业社会责任	采用润灵环球数据库企业社会责任履行评级总得分
$MEDIA_i$	媒体报道	$i=1$ 时，媒体报道的总数；$i=2$ 时，负面报道的数量
REP	高管影响力	指标总得分中位数以上赋值为 1，中位数以下赋值为 0
$SIZE$	公司规模	总资产的自然对数
LEV	财务杠杆	资产负债率＝总负债/总资产
EPS	盈利能力	净利润/股本总额
$STATE$	产权性质	国有产权公司赋值为 1，否则赋值 0
$LISTGE$	上市年龄	上市年数
$YEAR$	年份	虚拟变量
$INDUSTRY$	行业	虚拟变量

7.2.3 研究模型构建

为检验本章提出的研究假设 H7a，本章构建了模型（7 – 1）：

$$CSR = \beta_0 + \beta_1 MEDIA_i + \beta_2 SIZE + \beta_3 LEV + \beta_4 EPS + \beta_5 STATE + \beta_6 LISTGE$$
$$+ \beta_7 YEAR + \beta_8 INDUSTRY + \varepsilon \qquad\qquad (7 – 1)$$

为检验本章提出的假设 H7b 和假设 H7c，本章构建了模型（7 – 2）：

$$CSR = \beta_0 + \beta_1 REP + \beta_2 SIZE + \beta_3 LEV + \beta_4 EPS + \beta_5 STATE + \beta_6 LISTGE$$
$$+ \beta_7 YEAR + \beta_8 INDUSTRY + \varepsilon \qquad (7-2)$$

为检验本章提出的假设 H7d，本章构建了模型（7 – 3）：

$$CSR = \beta_0 + \beta_1 MEDIA_i + \beta_2 REP + \beta_3 MEDIA_i \times REP + \beta_4 SIZE + \beta_5 LEV$$
$$+ \beta_6 EPS + \beta_7 STATE + \beta_8 LISTGE + \beta_9 YEAR + \beta_{10} INDUSTRY + \varepsilon$$
$$(7-3)$$

7.3 实证检验及分析

7.3.1 变量的描述性统计

表 7 – 2 是变量的描述性统计结果，由表可知，样本企业社会责任评分最高值 87.95，最小值是 15.12，1/4 位数为 30.19，均值 38.07，3/4 位数为 42.43，说明我国上市公司的社会责任履行总体水平不高，并且样本企业之间的社会责任履行水平存在较大差异。从媒体报道的总数来看，最小值是 0，1/4 位数为 10.00，中位数是 18.00，3/4 位数为 40.00，均值是 41.77，最大值是 526.00，可以看出不同的上市公司受到媒体报道的次数存在较大的差异。从高管影响力数据来看，最大值为 26.00，中位数为 3.00，均值为 3.38，反映了我国上市公司高管影响力总体水平不高，不同的上市公司高管影响力相差较大，高管任职期间获得的荣誉存在较大差异，从整体的大环境上看，我国经理人市场的活力不足。

表 7 – 2 变量描述性统计

变量	观测值	均值	标准差	最小值	1/4 位数	中位数	3/4 位数	最大值
CSR	1359	38.07	11.96	15.12	30.19	34.93	42.43	87.95
$MEDIA_1$	1359	41.77	66.44	0.00	10.00	18.00	40.00	526.00
REP	1359	3.38	3.81	0.00	1.00	3.00	5.00	26.00
$SIZE$	1359	23.11	1.47	20.18	22.01	22.97	24.05	28.50

续表

变量	观测值	均值	标准差	最小值	1/4 位数	中位数	3/4 位数	最大值
LEV	1359	49.74	20.30	0.79	35.07	51.76	65.55	92.70
EPS	1359	0.48	0.56	−0.68	0.15	0.33	0.68	5.70
STATE	1359	0.48	0.50	0.00	0.00	0.00	1.00	1.00
LISTGE	1359	11.58	5.48	0.00	7.00	12.00	16.00	24.00

另外，从控制变量的描述性统计结果来看，企业规模、企业财务杠杆、企业盈利能力的最大值和最小值存在一定的差异，但是均值和中位数相差不大，说明样本公司从企业规模、盈利能力和财务杠杆方面分布比较均匀。从企业的年龄数据来看，最大值和最小值差异较大，说明样本公司在上市时间上存在较大差异，这也可能是造成以上媒体报道、高管影响力和企业社会责任指标差异较大的原因。从样本公司的整体描述性统计结果来看，所选样本基本合理，具有一定的代表性。

7.3.2 变量相关性分析

由表 7-3 的相关系数分析可知，媒体报道与企业社会责任的相关系数为 0.488，且在 1% 的水平下显著正相关，假设 H7a 可能会通过验证。高管影响力与企业社会责任相关系数为 0.308，且在 1% 的水平下显著正相关，假设 H7b 有可能会通过验证。此外，由表可知各主要变量相关系数都小于 0.5，说明模型选用的各变量之间不存在严重的多重共线性问题。

表 7-3 相关系数

变量	*CSR*	*MEDIA*$_1$	*REP*	*SIZE*	*LEV*	*EPS*	*STATE*	*LISTGE*
CSR	1	—	—	—	—	—	—	—
MEDIA$_1$	0.488*** (0.000)	1	—	—	—	—	—	—

续表

变量	CSR	MEDIA₁	REP	SIZE	LEV	EPS	STATE	LISTGE
REP	0.308 *** (0.000)	0.324 *** (0.000)	1	—	—	—	—	—
SIZE	0.455 *** (0.000)	0.442 *** (0.000)	0.253 *** (0.000)	1	—	—	—	—
LEV	0.103 *** (0.000)	0.163 *** (0.000)	0.086 *** (0.002)	0.551 *** (0.000)	1	—	—	—
EPS	0.157 *** (0.000)	0.207 *** (0.000)	0.266 *** (0.000)	0.244 *** (0.000)	− 0.068 ** (0.013)	1	—	—
STATE	0.212 *** (0.000)	0.172 *** (0.000)	− 0.019 (0.477)	0.362 *** (0.000)	0.154 *** (0.000)	0.033 (0.222)	1	—
LISTGE	− 0.057 ** (0.035)	0.037 (0.176)	0.019 (0.484)	0.193 *** (0.000)	0.273 *** (0.000)	0.029 (0.287)	0.183 *** (0.000)	1

注：*** 表示在 1% 水平下显著；** 表示在 5% 水平下显著；* 表示在 10% 水平下显著。

7.3.3 回归分析

表 7 - 4 为假设 H7a 和假设 H7b 的回归结果。由（1）的回归结果可以看出，媒体报道（$MEDIA_1$）的系数为 0.310，且在 1% 的水平下显著，这说明媒体报道与上市公司履行社会责任存在显著的正相关关系。这说明了媒体对上市公司的关注给企业高管带来了压力，迫于外界的压力，公司会通过积极履行社会责任改善与外部的关系。因此，媒体报道越多，企业履行社会责任水平越高，由此，假设 H7a 得到验证。由（2）的回归结果显示，高管影响力（REP）的系数为 0.172，且在 1% 的水平下显著，这说明高管影响力与企业社会责任履行存在显著的正相关关系，上市公司社会责任履行水平与公司高管的声誉有正向关系。对于我国不同的上市公司，高管影响力水平存在较大差异，高管影响力越高，企业履行社会责任意识越强，不管是为了维护自身声誉还是为了企业的可持续发展，都会积极承担社会义务，通过履行社会责任提高社会对企业的认知水平。由此，假设 H7b 得到了验证。

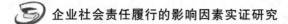

表 7 - 4   样本回归分析结果（1）

变量	CSR			
	（1）		（2）	
	系数	T 值	系数	T 值
C	- 24.073***	- 4.073	- 52.721***	- 9.935
$MEDIA_1$	0.310***	11.373		
REP			0.172***	7.274
SIZE	0.348***	9.925	0.510***	16.109
LEV	- 0.118***	- 4.084	- 0.167***	- 5.709
EPS	0.001	0.051	0.005	0.185
STATE	0.072***	2.946	0.084***	3.318
LISTGE	- 0.117***	- 4.944	- 0.114***	- 4.703
YEAR	控制		控制	
INDUSTRY	控制		控制	
F 值	105.974***		88.881***	
Adj. R^2	0.317		0.283	
N	1359		1359	

注：***表示在1%水平下显著；**表示在5%水平下显著；*表示在10%水平下显著。

表 7 - 5 为假设 H7c 和假设 H7d 的回归结果。通过（3）和（4）的回归结果可以看出，国有企业高管影响力（REP）的系数为 0.278，并且在 1% 的水平下显著正相关；非国有企业高管影响力（REP）的系数为 0.145，并且在 1% 的水平下显著正相关。通过两组高管影响力（REP）系数的对比可知，国有企业高管影响力（REP）的系数明显大于非国有企业高管影响力（REP）系数，说明相比较非国有企业，国有企业高管影响力与企业社会责任的履行相关性更强。由此，假设 H7c 得到了验证。（5）为媒体报道和高管影响力交互项的回归结果，从回归结果可以看出，媒体报道和高管影响力交互项（$MEDIA_1 * REP$）的系数为 0.196，并且在 1% 的水平下显著正相关。表明相对于高管影响力较低的上市公司，媒体报道对督促高管影响力较高的上市公司履行社会责任的作用更强，即高管影响力

越高，媒体的监督作用越容易发挥，媒体报道对企业社会责任履行的促进作用越强。由此，假设 H7d 得到了验证。

表 7 - 5   样本回归分析结果（2）

变量	CSR					
	（3）		（4）		（5）	
	国有		非国有		全部	
	系数	T 值	系数	T 值	系数	T 值
C	- 51. 705 ***	- 6. 956	- 40. 571 ***	- 4. 696	- 23. 034 ***	- 3. 954
$MEDIA_1$					0. 113 *	1. 751
REP	0. 278 ***	7. 872	0. 145 ***	4. 007	0. 087 ***	3. 092
$MEDIA_1 * REP$					0. 196 ***	2. 938
$SIZE$	0. 480 ***	12. 078	0. 431 ***	8. 756	0. 339 ***	9. 751
LEV	- 0. 114 ***	- 3. 050	- 0. 207 ***	- 4. 402	- 0. 115 ***	- 4. 031
EPS	0. 024	0. 712	- 0. 037	- 0. 938	0. 001	0. 051
$LISTGE$	- 0. 079 ***	- 2. 441	- 0. 179 ***	- 4. 717	- 0. 112 ***	- 4. 779
$YEAR$	控制		控制		控制	
$INDUSTRY$	控制		控制		控制	
F 值	71. 415 ***		26. 886 ***		87. 264 ***	
Adj. R^2	0. 351		0. 155		0. 341	
N	651		708		1359	

注：*** 表示在 1% 水平下显著；** 表示在 5% 水平下显著；* 表示在 10% 水平下显著。

从表 7 - 4 和表 7 - 5 中回归的控制变量系数来看，公司规模（$SIZE$）与企业社会责任呈显著的正相关关系，说明公司规模越大，企业履行社会责任越好；财务杠杆（LEV）与企业社会责任呈显著的负相关关系，说明企业负债越低，履行社会责任越好；盈利能力（EPS）与企业社会责任正相关，但是不显著；表 7 - 4 中产权性质（$STATE$）与企业社会责任呈显著的正相关关系，说明国有企业履行社会责任更好，这也与表 7 - 5 的验证结果一致；上市年龄（$LISTGE$）与企业社会责任呈显著的负相关关系，说明上市时间较短的企业，更加注重通过履行社会责任，提高品牌形象。

控制变量的回归结果与现有研究结论基本一致。

7.4　稳健性检验

7.4.1　分组稳健性检验

为检验媒体报道和高管影响力对企业社会责任履行影响结果的稳健性，本章将所选的样本分别按照媒体报道量的大小和高管影响力的高低进行排序，并取中位数进行分组，然后对媒体报道量大、小两组和高管影响力高、低两组分别进行回归检验。

如表7－6回归结果显示，对高管影响力高低两组，媒体报道（$MEDIA_1$）均在1%的置信水平下通过了显著性检验，并且与企业社会责任履行正相关。这说明，不管上市公司高管影响力的高低，媒体报道都能够对督促企业履行社会责任产生积极的正向影响，进一步验证了假设H7a。同时，通过观察两组媒体报道（$MEDIA_1$）的系数，高声誉组的媒体报道（$MEDIA_1$）系数为0.257，大于低声誉组的系数0.146，说明对于高管影响力比较高的上市公司，媒体报道对企业社会责任的影响作用更强，进一步验证了假设H7d。

通过将媒体报道数量分成大小两组分别回归，观察回归结果。

如表7－6所示，媒体报道数量较多组高管影响力（REP）的回归系数为0.171，且在1%的水平下显著正相关；媒体报道数量较少组高管影响力（REP）的回归系数为0.074，且在5%的水平下显著正相关，这说明不管媒体对企业的报道量是多是少，高管影响力都对企业履行社会责任产生积极的正向影响，高管影响力越高，企业履行社会责任越好。

通过以上结果，进一步验证了假设H7b。

表 7 - 6   分组稳健性检验结果

变量	CSR							
	声誉较高组		声誉较低组		媒体报道较多组		媒体报道较少组	
	系数	T 值	系数	T 值	系数	T 值	系数	T 值
C	- 61.061 ***	- 6.757	12.992 *	1.725	- 69.361 ***	- 7.859	- 0.183	- 0.027
MEDIA₁	0.257 ***	6.770	0.146 ***	3.625				
REP					0.171 ***	5.073	0.074 **	1.982
SIZE	0.561 ***	10.678	0.140 ***	2.866	0.540 ***	12.276	0.235 ***	4.693
LEV	- 0.197 ***	- 4.948	- 0.048	- 1.071	- 0.228 ***	- 5.563	- 0.038	- 0.807
EPS	0.027	0.863	0.024	0.611	- 0.015	- 0.447	0.037	0.920
STATE	0.014	0.412	0.137 ***	3.674	0.072 **	2.028	0.110 ***	2.806
LISTGE	- 0.095 ***	- 3.040	- 0.142 ***	- 3.748	- 0.140 ***	- 4.179	- 0.096 **	- 2.371
YEAR	控制		控制		控制		控制	
INDUSTRY	控制		控制		控制		控制	
F 值	83.739 ***		12.709 ***		48.620 ***		9.495 ***	
Adj. R²	0.430		0.099		0.300		0.069	
N	679		680		679		680	

注：*** 表示在 1% 水平下显著；** 表示在 5% 水平下显著；* 表示在 10% 水平下显著。

7.4.2　进一步稳健性检验

为进一步检验媒体报道与高管影响力与企业社会责任履行回归结果的稳健性，本章运用所选样本的负面报道（$MEDIA_2$）次数作为媒体报道的代理变量，进行进一步回归验证。同时借鉴杨俊杰和曹国华（2016）对高管影响力的度量方法，运用百度新闻高级检索，输入高管名字和公司名称得到新闻检索的数目作为高管影响力的代理变量，进行进一步回归验证。

由表 7 - 7 中的回归结果可以看出：（1）的回归结果显示媒体负面报道（$MEDIA_2$）的系数为 0.309，且在 1% 的水平下显著正相关，说明媒体负面报道作为媒体监督的替代变量，对督促企业履行社会责任具有显著的正向作用，这与假设 H7a 的结果一致。（2）的回归结果显示，当引入百度新闻搜索次数作为高管影响力的代理变量时，高管影响力（*REP*）的系数为 0.174，且在 1% 的水平下显著正相关，说明高管影响力越高，企业履行社会责任水平越高，进一步验证了本章研究结论。

表 7 – 7 进一步稳健性检验结果

变量	CSR			
	(1)		(2)	
	系数	T 值	系数	T 值
C	−26.888***	−4.672	−47.562***	−8.720
$MEDIA_2$	0.309***	11.629		
REP			0.174***	7.083
SIZE	0.358***	10.398	0.484***	14.865
LEV	−0.126***	−4.384	−0.159***	−5.420
EPS	0.007	0.296	0.001	0.030
STATE	0.075***	3.066	0.098***	3.824
LISTGE	−0.111***	−4.718	−0.122***	−5.047
YEAR	控制		控制	
INDUSTRY	控制		控制	
F 值	107.294***		88.270***	
Adj. R^2	0.320		0.278	
N	1359		1359	

注：*** 表示在 1% 水平下显著；** 表示在 5% 水平下显著；* 表示在 10% 水平下显著。

7.5 研 究 结 论

本章从媒体报道和高管影响力视角，研究了二者对企业社会责任履行的影响机理，并用中国上市公司的数据进行了实证检验。结果表明以下观点。

（1）媒体报道与上市公司履行社会责任存在显著的正相关关系，媒体报道量越大，上市公司履行社会责任的水平越高。当用媒体的负面报道作为替代变量进一步验证时，结论一致，说明媒体报道作为企业外部治理机制对企业行为监督的有效性。

（2）高管影响力与上市公司企业社会责任履行呈显著的正相关关系，即高管影响力越高，企业履行社会责任水平越高。同时，换入百度新闻搜索频率作为代理变量进行验证，结论一致，说明高管影响力作为企业重要的无形资产，对推进企业履行社会责任具有重要的影响。

（3）相比较非国有企业，高管影响力对国有企业履行社会责任的影响作用更强，这也证明了中国作为转型经济国家，当前国有企业高管面临的声誉压力更大，高管肩负着保持企业业绩增长使命的同时，还要能够满足政府需要和社会期望。

（4）相比较高管影响力较低的上市公司，媒体报道对高管影响力较高的上市公司履行社会责任的促进作用更强。高管影响力越高，企业越具有履行社会责任的积极性和主动性，但是这并不意味着较高的高管影响力就可以替代作为外部监督力量的媒体报道。高管影响力越高，媒体报道的监督作用越容易发挥，媒体报道对企业履行社会责任的督促效果才会更好。

上述的研究结果对于企业社会责任的相关理论研究、企业管理以及政府决策都有重要的启示作用。

在理论研究方面，本章的研究很好地补充了企业社会责任理论，以往对企业社会责任的相关研究，大多集中于企业内部特征和企业外部因素对企业社会责任的影响，而忽略了高管影响力作为企业一项重要的无形资产对企业履行社会责任的重要影响。同时，在高管影响力的度量方面，本章在借鉴已有研究的基础上，对度量模型进行了改进，为今后关于高管影响力的度量提供了新的思路。

在企业管理方面，企业应充分重视高管影响力的作用，充分认识到高管影响力对企业发展的重要影响。声誉较高的高管往往拥有较高的社会影响力，拥有更广泛的社会网络资源，在市场博弈过程中更能够做出有利于企业发展的决策。

在政府决策方面，一方面，政府要不断完善企业履行社会责任的激励政策，对企业履行社会责任做好制度和服务保障；另一方面，政府要加强对拥有较高声誉高管上市公司的监管，防止投机行为发生。同时，政府也要重点关注高管影响力较低的企业社会责任的履行状况，加强指导与教育，明确履行社会责任是企业应尽的社会义务。同时要充分发挥媒体报道的监督作用，为媒体监督创造良好的环境，最终目标提升我国企业的社会责任履行的总体水平。

第8章

高管影响力和早期贫困经历的交互效应与企业社会责任实证研究

关于高管影响力和贫困经历对企业社会责任的影响关系，荷兰著名心理学家吉尔特·霍夫斯泰德（1984）的观点认为，权利距离决定权利欲望。个人距离权利越远，其对权利的诉求和渴望越强烈。早期生活有过贫困经历的高管，那么，早年时期对权利（比如未来的成就、获得他人尊重等）的渴望越强，通过努力改变命运的意志和奋斗的精神更强；权利越大，集体主义和社会服务的倾向越明显。经历过贫困的高管，当成为企业的高管，有所成就，并且有了管理决策权利和资源支配能力时，社会责任的意识也越强。我国著名儒家典籍《孟子·告子下》曾提道："天将降大任于斯人也，必先苦其心志，劳其筋骨，饿其体肤，空乏其身，行拂乱其所为。"北宋时期著名的思想家和教育家张载曾在《西铭》中说："贫贱忧戚，庸玉汝于成。"早期的苦难经历，可以磨炼人的意志和奋发图强的精神，要成大器，必须经过艰难困苦的磨炼。因此，对企业高管来讲，早期的贫困经历可以磨炼高管的意志力和执着的精神，早期经历的苦难恰恰为高管后期的成长与成才、影响力提升以及服务社会的思想意识培养提供了土壤环境。

在已有研究中，汉布瑞克和梅森（1984）在高层梯队理论中指出，企业高管在实际工作中并非经济学假设的"完全理性人"，企业高管的管理决策过程往往受认知能力、价值观和道德情感的影响，而高管的影响力越高，管理决策过程受到个人经历产生的认知水平、价值观和道德情感影响相对越大。弗兰德曼（2015）在研究高管的职业经历给社会责任带来的影响时认为，相比较高管的年龄、工作背景、教育经历等，高管经历的贫困对企业的社会责任文化的形成产生持久性影响，高管经历的贫困越强烈，这种影响作用越强。在我国学者的相关研究中，贾明和张喆（2012）的研究认为，高管个人影响力对企业社会责任决策的推动作用也会受到其他因素的影响。许年行和李哲（2016）在研究高管贫困经历与慈善捐助关系时认为，贫困经历作为中间变量可以强化高管的社会责任战略与实施。

基于上述观点与分析，本章以 2012~2015 年我国 A 股上市公司样本为研究对象，以高管影响力与早期贫困经历交互作用为研究视角，分析二者交互对企业社会责任履行的影响关系，以期得出新的研究结论。本章可能的贡献在于：（1）已有研究鲜有基于高管早期贫困经历与后期影响力交互视角探讨对企业社会责任履行影响的相关文献，本章将通过实证检验高管影响力和贫困经历对企业社会责任履行的交互作用关系，分析贫困经历对高管影响力与企业社会责任履行的影响中是否存在强化作用；（2）不同维度的贫困经历有着不同的贫困强度，与高管早期经历的贫困环境相比，高管三年困难时期经历和特殊贫困经历所经历的贫困强度更大，那么，不同强度的贫困经历与高管影响力交互时在影响企业社会责任履行方面是否存在差异，也是本章节通过实证进一步要解决的关键问题；（3）本章将进一步通过研究证实高管在推动企业社会责任履行方面的重要作用，有助于理论界和实务界进一步掌握影响企业社会责任履行的"利他性"因素。

8.1 理论分析与假设

高管职业巅峰时期的影响力与早期贫困经历处于高管人生经历的两个不同阶段，如图 8-1 所示。关于二者的交互作用对企业社会责任的影响机理，已有学者研究认为，早期经历过贫困的高管，经受了贫困思想的冲击，给童年时期的心理造成了深刻的影响，进而潜移默化地影响早期价值观形成。穆恩和森（2010）在研究贫困对个人职业规划的影响时就发现，经历过贫困的个人，往往在职业生涯阶段更容易设身处地地为他人着想，更容易与遭受相同经历的人们产生共鸣，当有了资源支配能力和决策能力，会尽力表达自己的关心与支持的情感。因此，有贫困经历的个人，当成为高管以后，其内心深处根深蒂固地存在着对贫困的深刻理解，对具有相同经历的人们更容易产生共鸣而设身处地地为他人着想，当有社会责任需求时，有贫困经历的高管内心情感更容易被触动，发自内心的真情实感的流露，高管会主动履行社会责任，表达自己的人文关怀。

高管影响力及贫困经历影响企业社会责任的路径如图 8 – 1 所示。

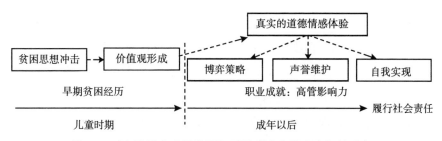

图 8 – 1　高管影响力及贫困经历影响企业社会责任的路径

关于高管影响力和贫困经历在影响企业社会责任履行中的交互作用关系，本章认为，贫困经历作为影响高管个性心理和同情心形成的早期生活经历，其对高管影响力与企业社会责任履行相关关系的影响可能存在强化作用。其原因：一方面，从经理人声誉角度分析，高管影响力越大，有贫困经历的高管越会珍视来之不易的外界信任与威望，更愿意通过积极履行社会责任，进而维持和强化个人影响力。另一方面，根据霍夫斯泰德价值观理论和高层梯队理论分析，高管影响力越大，社会对高管的期望越大，所在企业面临的社会责任需求越多。有贫困经历的高管，更容易设身处地地为他人着想，其内心道德情感更容易被触动，高管的贫困经历将使企业履行社会责任的动因由源自经济动因或制度安排转向高管发自内心的道德情感认知。基于此，本章提出假设 H8a：

H8a：高管影响力和贫困经历在影响企业社会责任履行方面存在互补作用关系。

本章从贫困环境经历、三年困难时期经历和特殊贫困经历三个维度对高管早年的贫困经历进行度量。由于贫困环境、三年困难时期和特殊性贫困经历的贫困强度不同，在探讨分析不同维度的贫困经历在强化高管影响力对企业社会责任的促进作用时可能存在差异。弗兰德曼（2015）的研究认为，相比较高管的年龄、工作背景、教育背景等经历，高管的贫困经历对企业社会责任履行的影响更具持久性，并且，高管经历的贫困越强烈，这种影响作用越强。受周围贫困文化和对贫困所见所闻的影响，高管早期所处的贫困环境会潜移默化地对高管早期同情心建立产生直接影响，当然，不能否认如果高管生活在贫困环境当中，也有可能存在不贫困的实际情况，所以贫困环境对高管的同情心理形成影响较弱。相比较高管的贫困环境经历，三年困难时期所带来的经济大萧条和物资极度匮乏，能够在物质和精神上给高管带来较大的记忆冲击。而高管早期生活所经历的特殊性贫困经历包括突发性的自然灾害经历、家庭成员严重的疾病或家庭变故等对高管的心理影响更为深刻，这种因自然灾害、因严重疾病或家庭变故等特殊经历导致的生活困难往往给人造成生活上的绝望或者感到无路可走（Malmendier et al.，2011），当高管早期经历过这些坎坷有所成就以后，其对生活的态度和对社会的看法也会有更大的包容心和同情心。因此，从贫困经历的强度来看，贫困环境的影响相对较弱，三年困难时期经历和特殊性贫困经历的贫困强度逐渐增强，基于此，本章提出假设 H8b：

H8b：相比较贫困环境经历，三年困难时期经历和特殊贫困经历强化高管影响力与企业社会责任履行的正相关关系作用更强。

8.2 样本选择和研究设计

8.2.1 样本选择与数据来源

本章以 2012～2015 年我国 A 股上市公司为研究样本，在此基础上同样对样本做如下筛选：（1）剔除金融、保险业公司；（2）剔除 ST、*ST 公司；（3）剔除各控制变量有缺失值以及相关财务数据异常的样本。最终共获得有效样本共计 1796 个观测值。

本章的数据来源主要有三个途径获取：（1）企业社会责任履行指标数据来自润灵环球企业社会责任评测体系评分。（2）高管影响力数据指标来自央视网、第一财经网站、新浪财经、财富中文网、福布斯中文网、百度百科以及相关的企业官网等，涉及的基础数据全部手工搜集。同样，为避免可能出现的内生性问题，高管影响力指标采用 $t-1$ 期的数据。（3）高管贫困经历数据来自相关企业的官网、国务院扶贫办公室网站、国家统计局、百度百科、名人采访及传记回忆等。（4）相关财务数据主要来自国泰安数据库和万德数据库。本章所使用的统计软件为 SPSS 22.0。

8.2.2 研究变量定义

（1）企业社会责任（*CSR*）。本章以 2012～2015 年润灵环球企业社会责任评级总得分作为衡量上市公司企业社会责任履行水平的替代指标。润灵环球责任评级公司对上市公司社会责任履行的评测数据来源于相关企业发布的年报和社会责任报告，该评测体系指标设置客观性强、信息量大、准确性高，被较多的学者用于度量上市公司社会责任履行水平的研究。*CSR* 评级总得分越高，表明上市公司社会责任履行水平越高。同样，本章在进行稳健性检验时，用企业慈善捐助额占企业总资产的比例（*DON*）进行稳健性检验论证。

（2）高管影响力（*INF*）。本章研究将高管影响力定义由社会荣誉、行业影响力、企业影响力和政府影响力四个方面因素组成。其中社会荣誉选用高管是否获得过省级及以上奖励作为替代指标，有省级及以上获奖经历的赋值为 1，否则赋值为 0；行业影响力用任期内高管是否入选省市级以上媒体及财经网站名人榜评选作为替代指标，高管任期内入选过媒体评选的名人榜单的，赋值为 1，否则赋值为 0；企业影响力用高管所在企业股东和员工的认同作为替代指标，任期内获得连任的，表示高管获得了股东和员工认同，赋值为 1，否则赋值为 0；政府影响力用高管任期内是否有作为人大代表、政协委员或是否有政府工作经历作为替代指标，任期内有人大代表、政协委员或政府工作经历的，赋值为1，否则赋值为0。最后计算四个指标的总得分，以此作为高管影响力的替代指标。

（3）贫困经历（*POV*）。选取以下三类指标构成高管贫困经历的替代指标：第一，高管早年的性格形成依赖于家乡的发展环境，区域共同的经济活动、集体记忆和精神特征对高管的早期的个性形成具有重要的影响（张建君和张志学，2006），因此，考虑高管早年所处的贫困环境，以入选2012年国务院扶贫办公室认定的"国家贫困县"作为替代指标，将高管的出生地与贫困县名单进行对比，入选"国家贫困县"赋值为1，否则赋值为0。第二，参考许年行和李哲（2016）的度量方法，考虑高管早年时代是否经历我国三年困难时期（1959~1961年）作为替代指标，按照心理学中对于童年时期的年龄划分，将有记忆能力的童年的周岁界定为4~14岁，因此，将出生于1947~1957年高管赋值为1，否则赋值为0。第三，特殊贫困经历。如突发性自然灾害、家庭变故、严重的疾病等也会对高管的早年经历带来痛苦和磨难，并由此引发家庭贫困。因此，高管在童年时期经历有特殊贫困经历的赋值为1，否则赋值0。将以上三个指标得分相加的总得分，形成了高管早期贫困经历的替代指标。

（4）控制变量。与前文度量方法一致，同样考虑到对企业社会责任可能产生影响的相关因素，选取了公司规模（*SIZE*）、盈利能力（*EPS*）、财务杠杆（*LEV*）、产权性质（*STATE*）和上市年龄（*LISTGE*）作为本章研究的控制变量。此外，加入年度哑变量（*YEAR*）及行业哑变量（*IN-DUSTRY*），以控制年度和行业固定效应。

8.2.3 研究模型构建

为验证本章所提出的假设H8a，本章构建了如下最小二乘回归模型（8-1），为验证本章所提出的假设H8b，本章构建了如下最小二乘回归模型（8-2）、模型（8-3）、模型（8-4）。

$$CSR = \beta_0 + \beta_1 INF + \beta_2 POV + \beta_3 INF \times POV + \beta_4 SIZE + \beta_5 EPS + \beta_6 LEV$$
$$+ \beta_7 STATE + \beta_8 LISTGE + \beta_9 YEAR + \beta_{10} INDUSTRY + \varepsilon \qquad (8-1)$$

$$CSR = \beta_0 + \beta_1 INF + \beta_2 POV_{-env} + \beta_3 INF \times POV_{-env} + \beta_4 SIZE + \beta_5 EPS$$
$$+ \beta_6 LEV + \beta_7 STATE + \beta_8 LISTGE + \beta_9 YEAR + \beta_{10} INDUSTRY + \varepsilon$$

$$(8-2)$$

$$CSR = \beta_0 + \beta_1 INF + \beta_2 POV_{-per} + \beta_3 INF \times POV_{-per} + \beta_4 SIZE + \beta_5 EPS$$
$$+ \beta_6 LEV + \beta_7 STATE + \beta_8 LISTGE + \beta_9 YEAR + \beta_{10} INDUSTRY + \varepsilon$$

$$(8-3)$$

$$CSR = \beta_0 + \beta_1 INF + \beta_2 POV_{-spe} + \beta_3 INF \times POV_{-spe} + \beta_4 SIZE + \beta_5 EPS$$
$$+ \beta_6 LEV + \beta_7 STATE + \beta_8 LISTGE + \beta_9 YEAR + \beta_{10} INDUSTRY + \varepsilon$$

$$(8-4)$$

8.3   实证检验及分析

8.3.1   变量的多重共线性诊断

关于高管影响力和贫困经历对企业社会责任履行的交互影响关系，在已有的研究中还没有相关的文献进行阐述，因此，从理论上讲，二者的交互作用关系可能存在互补关系，也有可能存在替代关系。为验证本章所提出的互补性观点，本章在对二者的关系进行回归验证之前，首先要对高管影响力指标和贫困经历指标及控制变量之间可能存在共线性问题进行分析，分析各变量之间是否存在严重的共线性问题，如果存在共线性问题，则相关变量就不能加入模型回归。

通常来讲，变量之间是否存在多重共线性问题，主要是看容许度（*tolerance*）与方差膨胀因子（*VIF*）两个统计量。容许度要求必须为 0 ~ 1，一般而言，容许度接近于 1，变量之间越不容易存在共线性问题，而如果容许度小于 0.1（或接近于 0），表示该变量可能与其他变量存在共线性问题。另外，方差膨胀因子（*VIF*）如果大于 10，也表明可能存在共线性问题。

（1）高管影响力与贫困经历交互效应的多重共线性诊断。为分析高管影响力及贫困经历交互效应对企业社会责任履行的影响，本章对高管影响力、贫困经历及控制变量进行多重共线性分析。多重共线性分析结果如表8-1所示。

表8-1 共线性统计量

模型	CSR	
	容差	VIF
C		
INF	0.664	1.507
POV	0.393	2.544
INF * POV	0.307	3.258
SIZE	0.511	1.957
EPS	0.866	1.155
LEV	0.622	1.607
STATE	0.845	1.184
LISTGE	0.907	1.102

由表8-1可知，高管影响力、贫困经历以及高管影响力和贫困经历的交互项，以及控制变量的容忍度普遍不接近于0，并且各项的方差膨胀因子（VIF）均小于10，这一结果说明高管影响力、贫困经历、二者的交互项以及控制变量之间不存在多重共线性问题。

（2）高管影响力与贫困经历分项指标交互效应的多重共线性诊断。为分析高管影响力及贫困经历分析指标（包括贫困环境、三年困难时期、特殊性贫困经历）交互效应对企业社会责任履行的影响，本章对高管影响力、贫困经历分项指标及控制变量分别进行了多重共线性问题分析。

如表8-2所示为高管影响力、贫困环境及二者交互效应等变量的共线性分析结果，从表中可知，相关变量的容差都大于0.1，方差膨胀因子都小于10，表明相关变量之间不存在共线性问题。

表 8 - 2   共线性统计量

模型	CSR	
	容差	VIF
C		
INF	0.898	1.113
POV_{-env}	0.342	2.921
$INF * POV_{-env}$	0.329	3.042
SIZE	0.526	1.900
EPS	0.867	1.154
LEV	0.624	1.603
STATE	0.844	1.185
LISTGE	0.904	1.106

　　如表 8 - 3 为高管影响力、三年困难时期及二者交互效应等变量的共线性分析结果，从表中可知，高管影响力、三年困难时期、二者交互效应以及控制变量的容差都大于 0.1，方差膨胀因子都小于 10，表明相关变量之间不存在共线性问题。

表 8 - 3   共线性统计量

模型	CSR	
	容差	VIF
C		
INF	0.668	1.498
POV_{-per}	0.485	2.064
$INF * POV_{-per}$	0.377	2.651
SIZE	0.521	1.919
EPS	0.865	1.156
LEV	0.623	1.605
STATE	0.845	1.184
LISTGE	0.898	1.113

表 8 - 4 为高管影响力、特殊困难经历及二者交互效应等变量的共线性分析结果，从表中可知，相关变量的容差都大于 0.1，方差膨胀因子都小于 10，表明相关变量之间不存在共线性问题。

表 8 - 4　　　　　　　　　　　　共线性统计量

模型	CSR	
	容差	VIF
C		
INF	0.901	1.110
POV_{-spe}	0.200	5.001
$INF * POV_{-spe}$	0.195	5.117
SIZE	0.522	1.916
EPS	0.867	1.154
LEV	0.619	1.616
STATE	0.842	1.187
LISTGE	0.906	1.104

8.3.2　回归分析

（1）高管影响力与贫困经历交互效应回归分析。为检验高管影响力及贫困经历对企业社会责任履行的交互影响，对所选样本进行回归分析，如表 8 - 5 所示。通过回归结果可知，高管影响力与贫困经历的交互项（$INF * POV$）系数为 0.100，并且在 1% 的水平下与企业社会责任履行显著正相关。说明高管影响力及贫困经历在影响企业社会责任履行方面存在互补效应。即贫困经历强化了高管影响力对企业社会责任履行的影响。高管影响力越大，有贫困经历的高管越会珍视来之不易的外界信任与威望，更愿意通过积极履行社会责任，进而维持和强化个人影响力。同时，高管影响力越大，社会对高管的期望越大，所在企业面临的社会责任需求越多，有贫困经历的高管，更容易设身处地地为他人着想。由此，假设 H8a 得到了验证。

表 8 – 5   交互项回归分析结果

变量	CSR	
	系数	T 值
C	– 43.729 ***	– 9.419
INF	0.097 ***	2.751
POV	0.087 ***	3.852
INF * POV	0.100 ***	2.682
SIZE	0.455 ***	16.631
EPS	0.001	0.018
LEV	– 0.165 ***	– 6.682
STATE	0.079 ***	3.727
LISTGE	– 0.091 ***	– 4.433
YEAR	控制	
INDUSTRY	控制	
F 值	104.486 ***	
Adj. R^2	0.316	
N	1796	

注：*** 表示在 1% 水平下显著；** 表示在 5% 水平下显著；* 表示在 10% 水平下显著。

（2）高管影响力与贫困经历分项指标交互效应回归分析。为进一步研究高管影响力与贫困经历的交互效应，本章对高管影响力与贫困经历的分维度指标分别进行交互效应的回归检验，回归结果如表 8 – 6 所示。

表 8 – 6   交互项回归分析结果

变量	CSR					
	①		②		③	
	系数	T 值	系数	T 值	系数	T 值
C	– 51.788 ***	– 11.201	– 49.893 ***	– 10.715	– 48.831 ***	– 10.611
INF	0.155 ***	7.361	0.122 ***	4.793	0.144 ***	7.024
POV_{-env}	0.117 ***	3.415				

续表

变量	CSR					
	①		②		③	
	系数	T 值	系数	T 值	系数	T 值
POV_{-per}			0.067 **	2.262		
POV_{-spe}					0.142 ***	3.220
$INF * POV_{-env}$	0.002	0.059				
$INF * POV_{-per}$			0.072 **	2.118		
$INF * POV_{-spe}$					0.083 ***	3.855
$SIZE$	0.503 ***	18.410	0.493 ***	17.931	0.484 ***	17.805
EPS	0.006	0.280	0.001	0.044	0.002	0.097
LEV	−0.179 ***	−7.113	−0.174 ***	−6.896	−0.162 ***	−6.467
$STATE$	0.075 ***	3.489	0.080 ***	3.705	0.080 ***	3.705
$LISTGE$	−0.081 ***	−3.874	−0.098 ***	−4.667	−0.080 ***	−3.867
$YEAR$	控制		控制		控制	
$INDUSTRY$	控制		控制		控制	
F 值	92.914 ***		92.864 ***		98.400 ***	
Adj. R^2	0.291		0.290		0.303	
N	1796		1796		1796	

注：*** 表示在1%水平下显著；** 表示在5%水平下显著；* 表示在10%水平下显著。

表8－6中，①为高管影响力与高管早期贫困环境的交互效应回归结果。高管影响力的回归系数为0.155，并且与企业社会责任履行显著正相关，贫困经历的回归系数分别为0.117，并且与企业社会责任履行显著正相关，说明高管影响力和贫困经历对企业社会责任履行起到显著的正向影响作用，这与前面章节的相关研究结论保持一致。但是观察高管影响力与高管早期所处的贫困环境的交互项（$INF * POV_{-env}$）系数为0.002，正相关但是不显著。说明高管早期所经历的贫困环境在强化高管影响力与企业社会责任履行的关系中的作用较弱，可能原因是在所选样本中，存在一些高管早期生活于贫困县的环境，但是自身的家庭条件相对较好，来自周围的贫困环境影响有限，对于高管早期帮扶思想的形成作用有限。

表8－6中，②为高管影响力与高管三年困难时期的交互效应回归结

果。由回归结果可以看出，高管影响力的回归系数为 0.122，高管贫困经历的回归系数为 0.067，二者都与企业社会责任履行呈显著的正相关关系，与前文研究结论保持一致。观察高管影响力与三年困难时期交互项（$INF * POV_{-per}$）系数为 0.072，并且在 5% 的水平下与企业社会责任履行显著正相关，说明高管经历的三年困难时期显著强化了高管影响力对企业社会责任履行的促进作用，也从另一层面反映出三年困难时期对高管个人造成的物质欠缺伤害较深，对高管早期心理产生了影响，有利于高管早期同情心的培养和帮扶别人思想形成。考虑高管影响力、三年困难时期和二者的交互项系数都为正，说明高管影响力和困难时期经历在影响企业社会责任履行方面存在互补效应，进一步支持了前文的相关研究结论。

表 8 - 6 中，③为高管影响力与特殊贫困经历的交互效应回归结果。由回归结果可以看出，高管影响力的回归系数为 0.144，高管特殊贫困经历的回归系数为 0.142，二者都与企业社会责任履行显著正相关，这与前文的研究结论一致。观察高管影响力与特殊贫困经历交互项（$INF * POV_{-spe}$）系数为 0.083，并且在 1% 的水平下与企业社会责任履行显著正相关。说明高管的特殊困难经历强化了高管影响力对企业社会责任履行的促进作用。有特殊困难经历的高管，早期经历的突发性灾难、严重疾病或家庭变故对高管的个性与心理产生了深刻影响，对高管个人的心理冲击也是最大的。

通过对比高管影响力与贫困环境经历、三年困难时期经历和特殊贫困经历交互回归结果，我们发现：不仅是从系数对比还是从显著性来看，高管特殊贫困经历和三年困难时期经历对强化高管影响力促进企业社会责任履行方面的作用更强，效果也更显著。也从另一层面反映，高管早期经历贫困强度越高，后期对高管影响力促进企业社会责任履行的强化作用越强。由此，假设 H8b 得到了验证。

8.4 稳健性检验

为考察上述研究结论的准确性，本章通过改变企业社会责任履行的替代指标，考虑企业慈善捐助与企业履行社会责任的紧密联系，同时为了确保不同企业间的慈善捐助水平的可比性，最后用慈善捐赠额占企业总资产的比例作为企业社会责任履行的替代指标，对高管影响力及贫困经历的交互作用进行稳健性检验验证。

对高管影响力、贫困经历以及二者的交互效应进行稳健性检验，回归结果如表 8 - 7 所示。

表 8 - 7　　　　　　　　　　交互项稳健性分析结果

变量	DON	
	系数	T 值
C	0.647 ***	12.147
INF	0.182 ***	3.463
POV	0.415 ***	5.488
INF * POV	0.238 ***	2.711
SIZE	- 0.011	- 0.184
EPS	0.180 ***	4.274
LEV	- 0.101 **	- 2.043
STATE	0.262 ***	- 5.885
LISTGE	- 0.151 ***	- 3.630
YEAR	控制	
INDUSTRY	控制	
F 值	24.092 ***	
Adj. R^2	0.275	
N	486	

注：*** 表示在 1% 水平下显著；** 表示在 5% 水平下显著；* 表示在 10% 水平下显著。

如表 8 - 7 所示，高管影响力（INF）的系数为 0.182，并且在 1% 的水平下与企业慈善捐助显著正相关；贫困经历（POV）的系数为 0.415，并且在 1% 的水平下与企业慈善捐助显著正相关；二者的交互项系数为 0.238，并且在 1% 的水平下与企业慈善捐助显著正相关。从回归结果来看，相关变量的显著性并未发生改变，进一步验证了本章所提出的假设 H8a。

对高管影响力与贫困经历的分项指标交互效应进行稳健性检验，回归结果如表 8 - 8 所示。

表 8 - 8 交互项稳健性分析结果

变量	DON					
	①		②		③	
	系数	T 值	系数	T 值	系数	T 值
C	0.613 ***	11.415	0.617 ***	11.117	0.594 ***	11.275
INF	0.137 ***	2.980	0.189 ***	3.597	0.152 ***	3.446
POV_{-env}	0.210 ***	2.609				
POV_{-per}			0.186 ***	2.836		
POV_{-spe}					0.417 ***	5.018
$INF*POV_{-env}$	0.062	0.747				
$INF*POV_{-per}$			0.135 *	1.798		
$INF*POV_{-spe}$					0.254 ***	3.015
$SIZE$	0.041	0.713	0.030	0.499	0.052	0.909
EPS	0.212 ***	4.972	0.214 ***	4.988	0.182 ***	4.277
LEV	- 0.143 ***	- 2.823	- 0.112 **	- 2.185	- 0.107 **	- 2.146
$STATE$	- 0.296 ***	- 6.539	- 0.283 ***	- 6.115	- 0.269 ***	- 5.996
$LISTGE$	- 0.151 ***	- 3.537	- 0.168 ***	- 3.910	- 0.150 ***	- 3.562
$YEAR$	控制		控制		控制	
$INDUSTRY$	控制		控制		控制	
F 值	20.204 ***		19.013 ***		22.996 ***	
Adj. R^2	0.240		0.229		0.265	
N	486		486		486	

注：*** 表示在 1% 水平下显著；** 表示在 5% 水平下显著；* 表示在 10% 水平下显著。

表 8 - 8 中，①为高管影响力与贫困环境对企业慈善捐助的交互效应回归结果，从结果中可以看出，高管影响力（INF）的系数为 0.137，且

在1%的水平下与企业慈善捐助呈显著正相关关系，高管经历的贫困环境（POV_{-env}）的系数为0.210，且在1%的水平下与企业慈善捐助呈显著正相关关系，高管影响力与贫困环境的交互项（$INF * POV_{-env}$）的系数为0.062，与企业慈善捐助正相关但是不显著，这与前文的研究结论一致。

表8-8中，②为高管影响力与贫困时期经历对企业慈善捐助的交互效应回归结果，从结果中可以看出，高管影响力（INF）的系数为0.189，且在1%的水平下与企业慈善捐助呈显著正相关关系，高管经历的贫困时期（POV_{-per}）的系数为0.186，且在1%的水平下与企业慈善捐助呈显著正相关关系，高管影响力与贫困时期的交互项（$INF * POV_{-per}$）的系数为0.135，且在10%的水平下与企业慈善捐助显著正相关，进一步验证了前文结论。

表8-8中，③为高管影响力与特殊贫困经历对企业慈善捐助的交互效应回归结果，从结果中可以看出，高管影响力（INF）的系数为0.152，且在1%的水平下与企业慈善捐助呈显著正相关关系，高管经历的特殊困贫困经历（POV_{-spe}）的系数为0.417，且在1%的水平下与企业慈善捐助呈显著正相关关系，高管影响力与特殊贫困经历的交互项（$INF * POV_{-spe}$）的系数为0.254，且在1%的水平下与企业慈善捐助显著正相关，进一步验证了前文研究的结论。

从以上三个稳健性检验的结论可以看出，高管影响力与贫困环境、三年困难时期经历和特殊贫困经历的交互项系数由小到大，显著性逐渐增强，进一步验证了假设H8b。

8.5 研究结论

本章研究发现，高管影响力和贫困经历对企业社会责任的履行存在互补关系，即高管早期贫困经历有助于强化高管影响力和企业社会责任履行的正相关关系。高管影响力越大，有贫困经历的高管所在企业社会责任履行水平更高。一方面说明高管影响力越大，社会的期望值越高，有贫困经历的高管社会责任心理更容易被触动，积极履行社会责任的原始动力越强。另一方面说明影响力越大，经历过困难和人生波折的高管更容易珍惜自身的声誉，积极回应来自外部的社会责任需求。本章又将高管影响力与贫困经历的分项指标包括贫困环境经历、三年困难时期经历和特殊贫困经历分别进行了交互效应分析发现：高管早期所处的贫困环境对于强化高管影响力促进企业社会责任履行的作用不显著，高管早期经历的三年困难时期和特殊贫困经历与企业社会责任履行都显著正相关，说明随着高管早期经历贫困强度越高，后期对强化高管影响力对企业社会责任履行的促进作用越大。

　　本章的研究结论具有重要的理论意义和现实意义。理论上，目前国内外研究还没有基于高管影响力和贫困经历交互效应探讨对企业社会责任履行的影响，因此，本章的研究作为一种新的尝试，可以为后续研究提供理论和方法借鉴。实践上，本章的研究可以为政府和企业加强高管的社会责任意识教育与激励、为高管的个人行为修正提供理论支撑和经验证据。

————————— 第 9 章 —————————

提升我国企业社会责任
履行的对策及建议

本书从高管影响力和贫困经历两个视角研究了高管的个人经历对企业履行社会责任的影响，并得到了前文的相关研究结论。本书的研究结论对于提升政府社会责任管理能力、强化企业社会责任战略和决策以及促进高管个人成长和行为修正方面具有积极的指导意义。

9.1 发挥政府引领作用，强化
政策支持与组织管理

本书的研究结论表明，影响企业社会责任履行的主要因素除了外部监管和企业内部治理因素以外，高管对企业社会责任战略的制定与实施也有重要影响。因此，政府部门应高度重视企业高管在企业社会责任履行过程中的重要作用，在政府的企业社会责任管理工作中有针对性地开展工作。

9.1.1 对企业高管的社会责任意识培养要坚持"三个重点"

高管作为企业的经营管理者，对企业政策方向和政策的实施具有重要的影响，通过本书的研究我们发现，高管影响力越大，企业社会责任履行越好。影响力较大的高管往往主动履行社会责任的意愿更强。但是，对于政府部门来讲，也应该清醒地认识到，我国企业尤其是上市公司高管影响力存在较大的差异，不同的企业高管影响力差异较大，企业高管的社会责任意识也有认识程度的不均衡。曾有学者对我国的企业家社会责任问题调查时发现，尽管企业高管普遍认为企业履行社会责任对企业可持续发展战略具有重要作用，但是很多企业高管对企业社会责任的真正内涵、企业社会责任履行的具体内容和履行程序等理解还不深刻。因此，政府在推进企业高管履行社会责任的工作中，首先应强化对高管的社会责任意识的培养。在具体工作中可以重点坚持以下三点。

第一，对高管的社会责任意识的培养要重在教育。政府以往对高管的企业社会责任意识培养工作主要是通过强化高管对履行社会责任重要性的宣传来实现的，但是这是远远不够的。企业社会责任意识培养要重在教育，要求政府在对高管的社会责任意识培养工作中，能够从国家的整体社会责任战略、企业履行社会责任的重要性、企业履行社会责任的路径、对企业战略和可持续发展的影响、对企业利益相关者的有利影响等内容构成上形成主题教育体系，从内容上能够让高管深刻掌握企业履行社会责任的内涵和要义，而不单单是形式上。

第二，对高管的社会责任意识的培养不应该只注重"名人"。从本书的研究结论来看，个人影响力较大的高管往往具有较强的社会责任履行意识，所在企业的社会责任履行总体水平相对较高。但是，从本书选择的样本统计来看，影响力较大的高管毕竟占少部分，日常工作中我们更加应该重视那些影响力相对较小的企业高管的作用。影响力较小的高管所感受到各方的社会责任压力相对较小，企业社会责任履行总体水平相对较低，而政府在具体工作中通过强化对这部分高管的社会责任意识培养教育，提升这些企业社会责任履行水平，应该成为日常工作的重点。

第三，对高管的社会责任意识培养要重在"长期持续性"。正如企业履行社会责任对企业的影响是长期可持续的一样，政府部门在对企业高管的社会责任意识培养中要坚持"持续性"，作为长期性工作来抓，而不能仅仅从形式上经常搞"突击战"或"游击战"。高管对企业社会责任的深刻理解需要时间的积累，高管的社会责任意识也不是仅仅通过一两次社会责任教育就能实现的，这就要求政府部门在具体工作做好战略规划，明晰各阶段教育重点和目标等工作。

9.1.2 完善促进高管积极履行社会责任的"三项机制"

近年来，各种环境污染、电信诈骗、消费者权益损失等各种企业社会责任缺失的"恶性事件"给社会造成了恶劣的影响，相关企业的高管往往也成为众矢之的。作为政府来讲，努力消除企业的机会主义行为进而保护人民群众的权益就必须尽快建立和完善企业社会责任履行的相关政策机制。作为企业来讲，企业的社会责任缺失问题，作为企业的核心管理人物，高管的责任无可推卸。因此，我国应不断完善促进高管履行社会责任各项政策机制，建立促进高管积极履行社会责任的约束机制、激励机制和响应机制。

第一，完善有利于社会责任履行的高管约束机制。各地政府部门通过专门性的立法和行政执行，建立企业社会责任履行的高管约束机制。在我国，高管作为企业的主要经营管理人员，企业的社会责任缺失和由此给社会造成的伤害问题，相关企业的高管负有直接的责任。通过相关立法，对于企业的非法或不正当的生产与经营造成的对社会公众的伤害的，政府在对企业惩罚和管制的同时，相关企业的高管也应该受到惩罚，可以制定相关惩罚机制，比如，设置职业经理人信誉缺失档案、职业晋升停滞制度或相关的行政处罚指令。

第二，完善有利于企业社会责任履行的高管激励机制。通过建立激励机制，目的在于激励企业积极履行社会责任。一方面，建立企业社会责任履行激励机制，对企业社会责任履行较好的企业给予必要的财政补贴或税收优惠；对企业社会责任履行较好的企业给予在政府采购、政府项目投资上的优先择取等优惠政策。另一方面，建立企业社会责任履行的高管激励机制，对所在企业履行社会责任较好的企业高管，在物质激励的同时，给予在职业晋升（国企）、经理人声誉评价等方面给予政策支持。

第三，完善有利于企业社会责任履行的高管响应机制。近年来，各种自然灾害、突发性公共社会责任事件的出现越来越多，社会责任需求的突发性也随之增多。当面对突发性的社会责任需求时，企业能否及时响应社会需求主动履行社会责任，可以评价一个企业是否真正有社会责任担当。

通过建立社会责任履行的高管响应机制，面对突发性的社会责任需求，给予能够积极承担社会责任的相关企业和高管特殊的荣誉和奖励，既是从政府层面给企业品牌形象的宣传，又有利于社会核心价值观教育。

9.1.3　建立有利于企业社会责任履行的规范性组织机构

本书结论还表明，企业履行社会责任的主要动因除了经济发展、制度约束和外部压力以外，还有管理者道德和情感因素。经济发展、制度约束和外部压力属于"利己性"的企业社会责任履行因素，而道德和情感因素是"利他性"的社会责任履行因素。高管的道德认知和情感会深刻地影响企业的社会责任表现，而社会的企业社会责任道德规范能够影响企业高管对企业社会责任的态度和企业的社会责任行动。与法律和制度的强制性约束不同，社会道德规范导致的社会责任活动属于"自愿性"的社会责任活动。因此，通过建立有利于企业社会责任履行的社会规范性组织，有利于对高管的企业社会责任的具体行动和指导。

由于传统因素和社会文化的影响，目前我国关于企业社会责任的社会规范性组织发展还比较弱，作为政府机构以外存在的组织机构，未能够有效地发挥其弘扬社会价值观和推进企业社会责任履行的有效作用。由于体制的原因，目前我国社会性组织一般仍然处于"半政府"的管理模式，工作效率较低，不具有相对独立影响企业行为的能力，和真正意义上的"非政府组织"的形式和功能还有一定差距。因此，通过建立有利于企业社会责任了履行的社会规范性组织机构，既有利于社会责任价值观的传播，又有利于企业社会责任履行的具体行动和实施。

一方面，企业社会责任社会规范性组织的存在可以给社会带来企业社会责任的氛围，通过建立组织形成具体的行为规范，时刻让社会感受到履行社会责任的要义，通过潜移默化影响高管的意识而影响社会责任行动。

另一方面，企业社会责任社会规范性组织可以为企业履行社会责任进行具体的行动指导。作为政府以外存在的社会组织，对于出于"自愿性"而积极履行社会责任的企业，社会规范性组织一方面给予相关企业履行社会责任具体行动方案指导，同时，社会规范性组织可以作为企业积极履行社会责任的典型案例宣传平台。

9.2　坚持社会责任战略，完善企业高管管理机制

随着社会的不断发展与进步，新时期对企业的价值和企业家精神有了更深入的要求，国家也越来越重视企业的社会服务功能。对企业来讲，除了通过合法的生产与经营活动获取利润以外，企业社会责任也成为企业日常活动的重要组成部分而被社会广泛关注。作为企业最有影响力的领导者，高管对企业社会责任战略、社会责任行动方案和社会责任效果评估都具有重要影响并负主要责任。因此，企业不仅要重视高管在企业社会责任战略中的重要作用，而且应该通过建立有效的高管培养和提拔机制、优化高管的激励和约束机制来确保企业社会责任战略的有效实施。

9.2.1　重视高管在企业社会责任战略中的重要作用

高管作为企业经营管理的核心领导人物，对企业整体战略和日常运行都具有重要的影响。本书也发现，高管的个性思维和行为方式对高管的企业决策行为具有重要作用，而高管自身的影响力和个人经历所形成的价值观和道德情感对企业社会责任战略和社会责任行动产生直接影响。因此，企业应高度重视高管在企业社会责任战略中所扮演的决策和产生的重要作用。

第一，高管是企业社会责任战略的主要制定者。高管对企业社会责任履行的具体影响首先从影响企业社会责任战略规划开始。高管作为企业政策和决策的主要制定者与执行者，对企业社会责任战略规划的制定负有基本责任和义务。随着高管影响力的提升，面对日益增多的企业外部社会责任需求，高管有义务在企业整体发展战略的指导下对企业社会责任战略方向做出判断，在保证企业整体战略目标实现和企业正常运行的前提下，选择有利于企业战略的社会责任履行路径，并将企业社会责任战略融入企业

总体战略当中。

第二，高管是企业社会责任行动的主要策划者。要实现企业的社会责任战略，高管需要根据企业组织发展的需求，构建有利于企业社会责任履行的组织机构和管理体系。从国内外诸如英国石油、中国四大国有银行、中远集团等社会责任表现较好的企业来看，建立高管直接负责的社会责任管理机构及管理运行体系对于企业有效地履行社会责任至关重要。企业社会责任组织机构和管理体系的主要职责就是在高管的直接带领下负责社会责任战略的执行、工作方案选择和关系协调。

第三，高管是企业社会责任战略执行者和监督者。企业履行社会责任的动因无非就是经济发展、制度约束、外部压力和道德情感。不管是哪一种动因引发的企业社会责任活动，高管作为企业的主要负责人，对企业社会责任实施全过程包括社会责任投入、社会责任体系运行负有执行并履行监督的责任，对于社会责任履行过程存在的阻碍因素或问题要及时协调解决，同时，高管还应该对企业履行社会责任整体效果进行评估，确保企业整体社会责任战略方向不偏离既定的轨道，保障企业社会责任战略目标的实现。

9.2.2 建立有效的高管培养和职位选拔体系

通过本书的研究我们发现，高管对企业社会责任影响较大。高管的影响力越大，说明高管的企业影响力、行业影响力或者政府影响力较大，高管积极承担社会责任的主动性越高。相反，也有一些企业比如"瘦肉精"事件等无良企业社会责任缺失、道德败坏给社会造成了恶劣的影响，这些事件涉及的企业相关高管负有不可推卸的责任。因此，为了企业的长期可持续发展，保障企业社会责任战略的有效实施，企业必须要有强有力的高管来领导，这就需要企业建立有效的高管培养和提拔机制作为保障。

第一，企业要能够根据整体运营战略、企业发展阶段以及外部竞争环境等对高管进行动态调整，以适应高管与组织以及外部环境的匹配性。比如对于出于正在发展阶段的企业，企业高管要有敢作敢为的魄力，要有未来企业可持续发展战略眼光，从高管的个性构成上，高管要有爱心和同情心，有社会服务意识，高管的这些特质有利于为企业品牌形象和社会声誉的建立打下基础。

第二，企业要注重对高管社会核心价值观的培养和责任心的塑造。对社会充满同情心的高管也一定对企业的同事和下属充满人文关怀，一个对社会没有责任心的高管，相信他对企业员工和同事朋友也同样缺乏关心与支持。企业在培养高管核心价值观和责任心的过程中，要注重高管的价值观与社会核心价值观的匹配，高管的企业责任与社会责任保持一致，只有这样，才能培养出有利于企业需要、有利于社会需要的高级管理人才。

第三，在高管的选拔上，要重视高管个人经历的影响。本书研究发现，高管的个人经历，尤其是贫困经历对高管个性思维形成与社会同情心的培养有重要作用，并对高管职业时期社会责任心理产生影响。高管的个人经历对高管的价值取向、人文主义和对社会的看法产生影响，进而影响高管的企业决策，因此，在选拔高管过程中，要重视高管的个人成长经历对企业决策产生的影响，确保高管对企业战略的实施不"偏航"。

9.2.3 对高管的社会责任监督要"有所为"和"有所不为"

委托—代理理论认为企业往往实行的都是股东治理，企业行为的一切出发点都应该是股东价值最大化，并处理好企业与各利益相关者的关系；另外，企业为了降低代理成本或经营风险，往往不希望管理者做出违反企业股东意志的行为。这让高管处在了"两难境地"，对高管的企业决策带来了挑战，一方面，高管的管理与决策既要保障股东利益不受损失；另一方面，高管的决策行为还要对利益相关者和整个社会负责，这对高管的管理策略提出了更高的要求。因此，要处理好二者的矛盾，就要求企业在对高管的监督过程中，要有所为，有所不为。

有所为，即企业要在战略上对高管的整体经营决策进行把控，确保企业运行的轨道不偏向。企业的整体经营战略需要通过高管去执行，企业要防止高管对企业总体战略的理解偏差，以及企业总体战略运行轨道的偏离，纠正高管做出的不利于企业长期可持续发展的原则性错误行为。有所不为，即在战术层面上，企业要有战略眼光，不应过度干预高管的日常决策，在企业社会责任方面，高管积极履行社会责任对企业的长期可持续发展战略是有利的，履行社会责任是高管处理与利益相关者、政府与社会的管理策略需要。

9.2.4 优化高管履行社会责任的激励和约束机制

履行社会责任，既是企业可持续发展的需要，又是当代社会企业价值和企业家精神的主要体现。因此，企业通过完善与优化高管履行社会责任的激励和约束机制，既可以满足高管经营决策的需要，又能够保证企业整体利益不受损坏。

对高管履行社会责任的激励机制应以高管的业绩与社会责任道德为标准，高管的社会责任行动是否满足企业业绩的增长需求，是否符合社会道德规范要求。对高管的激励可以采用物质激励和精神激励相结合的方式，同时也应坚持长期激励和短期激励相结合。对高管履行社会责任的约束机制要以高管的职业道德为标准，高管的行为是否会损害企业形象、是否会给企业的长期发展带来经济损失和声誉损失。比如，企业可以通过声誉机制建立企业的约束机制，对于败坏企业形象的不道德行为列入声誉档案，或采取行政处罚、职业晋升停滞等措施。

总之，为确保企业社会责任战略有效实施，企业社会责任的高管激励和约束政策至关重要，企业只有不断地完善和优化高管履行社会责任的激励与约束机制，才能预防企业高管的寻租行为和损害企业形象的行为，保证企业社会责任的正常履行。

9.3 树立社会责任意识，以感恩的心回馈社会

浙商实业董事长俞凌雄先生在 2016 年接受采访时曾说："一个人承担的社会责任是根据自身的能力进行延伸的，自身能力越大，延伸的角度和宽度就更广，企业管理者有责任有义务将社会责任作为我们的气质与信

仰，并通过自己的领袖作用，带动周围更多的人履行社会责任"①。俞凌雄很好地阐述了作为企业高管对企业履行社会责任的影响作用。通过本书的研究，作为企业的高管，在践行企业社会责任方面应该从以下几个方面做出努力。

9.3.1 不断学习与实践，深化履行社会责任的内涵认识

企业高管要通过不断学习与实践，深化对企业价值和企业社会责任价值的深刻认识，要能够认识到企业不仅仅是谋取自身利益最大化的经济体，企业作为是社会的细胞体，还是社会整体财富积累、社会文明进步、环境可持续发展的重要推动者。企业在发展过程中，既需要充分考虑经济、社会、环境这三重底线，还需要对员工、消费者、供应商、社区、环境等一系列社会服务对象负责。对任何企业来说，唯利是图，逃避责任，都是目光短浅之举，终将难成大器；过度解读，好大喜功，则会使企业负担沉重，难以为继。企业社会责任，包含三个层次：第一个层次是企业奉公守法，正常经营，如提供充分就业、按时交纳税款等；第二个层次是勇于付出，敢于承担，如扶贫济困，进行社会捐助等；第三个层次则是贯彻落实科学发展观，促进企业与社会、环境的全面协调可持续发展。

9.3.2 发挥影响力作用，在践行社会责任中发挥带头作用

本书在研究中发现，高管影响力越大，企业履行社会责任相对越好。企业高管往往具有一定的影响力，而影响力越大，社会关注度也越高，高管的个人行为会对社会产生较大的影响，产生示范作用。因此，作为企业的高管，应当把自己的影响力作为一笔财富，以自己的影响力来作为宣传履行社会责任的好典型与好榜样。高管不仅要把自己的企业经营管理好，还应当充分利用自己的影响力开展社会责任实践活动，成为其他人学习的楷模，通过自己的实际行动，带动整个社会的社会服务和社会责任履行的氛围。

---

① 高扬：《走出迷雾的领路人》，载《财富》（中文版），2016 年 9 月。

9.3.3　怀揣同情与感恩的心，通过履行社会责任回报社会

本书研究中发现，有贫困经历的高管，所在企业履行社会责任相对较好，这是高管的贫困经历形成的同情心和帮扶别人的价值观影响的结果。因此作为企业的高管，应当怀揣对社会的感恩的心。高管应该认识到，一个人的创业艰难、职业发展道路之艰辛，自己的成功离不开社会各方面资源、各种因素综合作用的结果，因此，企业高管应当将自己的成功与社会的积极影响紧密联系在一起，"喝水不忘挖井人"。正如恒大集团董事局主席许家印所讲："恒大获得今天市场地位，离不开国家开放的政策，各级政府、合作伙伴和广大人民的支持，回报社会，反哺人民，既是恒大的义务和责任，更是恒大谨记于心的头等大事，如果说社会责任这口井有百米深，我们才挖了三五米"①。因此，对企业高管来讲，自己在享受成功的成果时不能忘记他人给你的帮助，积极履行社会责任，既是自己职业生涯高度一次目标挑战，又是一项推进人类文明不断进步的伟大事业。

---

① 叶攀：《民企扶贫要采取"输血"和"造血"的办法》，载《证券时报》2016 年 3 月 6 日。

第 10 章
研究结论与未来展望

10.1　研究结论

　　我国经济的快速发展所引起的诸如雾霾天气、食品安全、电信诈骗和消费歧视等一系列的社会责任频发，给我国社会造成了恶劣的影响，也给我国经济的可持续运行带来了严峻的挑战。新时期随着国家"精准扶贫"和"供给侧结构改革"对企业社会责任和企业家精神提出了更高的要求，企业要实现"走出去"战略，在通过合法的生产与经营实现"强内功"的同时，还应该在社会主义核心价值观的指导下履行企业社会责任。从当前我国企业社会责任履行过程存在的问题来看，仍然存在缺乏社会责任意识和社会责任战略，决策过程中过于"随性"，以及对企业社会责任监督不力等问题，因此，结合我国经济发展实际，进一步分析企业社会责任履行的动因，探讨企业社会责任履行的影响因素并提出提升策略，就显得很有理论价值和现实意义。

　　在企业社会责任外部因素研究方面，学者们围绕媒体监督、法律环境、市场化进程等一系列外部压力视角分析了对企业社会责任履行的影响，但是外部压力存在一定的局限性，因为来自企业外部的压力开展的社会责任活动仍然存在只是"形式上"履行的可能。在影响企业社会责任履行的内部因素研究方面，学者们主要是围绕高管团队特征、企业业绩、董事会决策等几个角度展开，但是仍然存在理论上的不足与缺陷，基于

"经济人"假设形成的社会责任履行动因属于企业履行社会责任的"强制性"压力。新时期的社会主义核心价值观对企业与社会的关系以及企业家精神提出了新的要求,企业社会责任也应不断转变发展理念,由"利己性"向"利他性"的思维转变。

本书以 2012~2015 年我国 A 股上市公司为研究对象,实证分析来自企业外部压力的媒体报道以及来自企业高管个人成长经历的早期贫困经历和后期个人影响力对企业社会责任履行的影响。在研究过程中,本书首先分析了企业履行社会责任的"利己性"和"利他性"动因。在"利己性"动因方面,本书从声誉机制和行政介入机制分析了媒体报道对企业社会责任履行的影响,企业履行社会责任存在声誉维护和满足政府期望的"利己性"需要;在"利他性"动因方面,本书基于企业高管的成长经历,从价值观和道德情感认知视角分析了高管早期贫困经历对企业社会责任履行的影响,从博弈理论和激励理论视角分析了高管后期影响力对企业社会责任履行的影响,企业履行社会责任存在真实情感体验和实现更高人生价值的"利他性"需要。其次,实证检验了作为"利己性"因素的媒体报道以及"利他性"因素的高管早期贫困经历和后期影响力对企业社会责任履行的影响,并从媒体报道和高管影响力交互作用、高管影响力和早期贫困经历交互作用两个视角分别进行实证检验,分析"利己性"动因和"利他性"动因之间的关系。实证过程中,为了保证研究结果的有效性和稳健性,本书又将企业慈善捐助作为企业社会责任的替代指标,并通过改变媒体报道、高管早期贫困经历和高管影响力的度量方式分别对研究结论进行稳健性检验。最后,本书从政府管理、企业决策和高管个人成长三个层面提出了提升我国企业社会责任履行水平的对策建议。

10.1.1 本书的主要研究结论

(1) 企业履行社会责任存在"利己性"动因。企业履行社会责任的外部压力除了制度压力以外,还有维护个人形象需要的声誉压力和行政介入压力,媒体对企业社会责任缺失行为的报道能够使高管在经理人市场的声誉受损,影响高管的个人成长与发展,来自外部监督力量的媒体报道有助于企业纠正错误行为，做出有利于社会责任履行的决策。

（2）企业履行社会责任存在"利他性"动因。除了经济发展、制度约束和外部压力以外，高管亲身体验所形成的企业社会责任活动才是真正意义上的"利他性"行动，高管早期贫困经历形成的价值观以及源自贫困经历的道德和情感认知对企业履行社会责任也有重要影响。

（3）基于委托—代理理论和"经济人"假设探讨高管的企业决策行为存在局限性。激励理论和"社会人"假设认为，当高管达到了一定的职业高度，当满足了物质需求和尊重需要以后，往往会有更高层次的需求来实现人生价值。因此，影响企业高管履行社会责任积极性的因素除了经济利益以外，还有实现更高的人生价值的需要。

（4）媒体报道对企业社会责任履行产生显著的正向影响，媒体关注度越高，企业社会责任履行越好；媒体的监督作用受市场化进程的影响，市场化进程越高的地区，媒体的监督作用越容易发挥，媒体关注对企业履行社会责任的督促作用越强。

（5）高管早期贫困经历与企业社会责任履行存在显著的正相关关系，有贫困经历的高管，其所在企业社会责任履行水平较高；当将上市公司的类型分为国有和非国有区分以后发现，高管早期贫困经历对非国有企业履行社会责任的影响作用更强。进一步研究发现：高管早期的富裕环境经历并没有显著提高企业社会责任履行水平。

（6）高管影响力与企业社会责任履行存在显著的正相关关系，高管影响力越大，所在企业社会责任履行水平越高；相比较非国有类型的上市公司，高管影响力对国有企业社会责任履行的促进作用更大。进一步研究发现：企业积极履行社会责任，同样可以提升高管的个人影响力。

（7）媒体报道和高管影响力对企业社会责任的影响存在互补效应，高管影响力越高，媒体的监督作用越容易发挥，媒体报道对企业社会责任履行的促进作用越强。

（8）高管早期的贫困经历有助于强化高管影响力对企业社会责任履行的影响关系，高管影响力越大，贫困经历的这种强化作用越强。进一步研究还发现：高管早期所处的贫困环境、三年困难时期经历和特殊贫困经历在强化高管影响力对企业社会责任履行的影响方面存在差异。

本书的研究结论表明，高管的社会责任决策行为受到"利己性"和"利他性"双重因素的影响，除了受制于声誉压力的"利己性"因素以外，高管的个人经历对企业高管的决策行为具有重要的影响，高管的影响力和早期的贫困经历都会对企业履行社会责任具有积极的正向影响作用。同时，企业的性质不同，高管影响力和贫困经历对企业社会责任履行也存在显著的差异，总体而言，由于高管的个人经历所形成的"利他性"的社会责任履行动因有助于进一步明晰高管影响企业社会责任履行的作用机理。本书的研究不仅深化了高管与企业社会责任关系研究，而且丰富了转型经济时期对于提升我国企业社会责任履行水平的策略的新认识，为政府管理、企业决策和高管个人成长提供借鉴。

10.1.2　主要的创新之处

（1）企业履行社会责任存在"利己性"动因。企业履行社会责任的外部压力除了制度压力以外，还有维护个人形象需要的声誉压力和行政介入压力，媒体对企业社会责任缺失行为的报道能够使高管在经理人市场的声誉受损，影响高管的个人成长与发展，来自外部监督力量的媒体报道有助于企业纠正错误行为，做出有利于社会责任履行的决策。

（2）企业履行社会责任存在"利他性"动因。除了有利于自身经济发展、受制于制度约束和外部压力以外，高管亲身经历体验所形成的企业社会责任活动才是真正意义上的"利他性"行动，高管成长过程中源自贫困经历形成的道德情感以对企业履行社会责任有重要影响。

（3）基于委托—代理理论和"经济人"假设探讨高管的企业决策行为存在局限性。激励理论和"社会人"假设认为，当高管达到了一定的职业高度，当满足了物质需求和尊重需要以后，往往会有更高层次的需求来实现人生价值。因此，影响企业高管履行社会责任积极性的因素除了经济利益以外，还有实现更高的人生价值的需要。

（4）在对高管影响力和贫困经历的度量上，本书除了沿用已有文献研究采用的度量方法以外，还充分考虑了高管影响力和贫困经历的影响因素，构建了高管影响力和贫困经历的分维度概念模型，为今后开展与本书相似研究提供了变量度量思路与方法借鉴。

10.2　研究不足与未来展望

10.2.1　研究的不足与局限性

本书的研究还存在一些不足之处。

（1）关于高管影响力和贫困经历的度量问题，本书通过考虑影响高管影响力和贫困经历的相关因素，建立了二者的分维度指标模型，因涉及数据搜集整理工作量较大，并且个别分项指标需要通过阅读相关信息加以判断，因此，所构建的高管影响力和贫困经历的度量指标可能存在一定的主观性。

（2）在研究高管影响力和贫困经历对企业社会责任履行的影响机理时，本书涉及心理学和伦理学相关知识，作为外延于自己专业知识以外的科学问题，在运用心理学和伦理学解释高管影响力和贫困经历对高管行为与决策产生的影响时可能存在不够严谨的问题。

（3）本书基于研究结论提出的针对政府管理、企业决策和高管个人行为的对策建议，受制于自己的眼界和工作经验，可能存在实践的局限性。

10.2.2　研究展望

针对上述关于本书研究的不足，今后可以在以下几个方面充实、拓展本书的研究内容。

（1）对高管影响力和贫困经历的影响因素进行进一步的深度挖掘，采用主成分分析法，找出高管影响力和贫困经历影响企业社会责任履行的关键因素，以使对二者的指标度量更加科学准确。

（2）本书在对企业社会责任的度量时采用了润灵环球社会责任评级指数作为替代指标，并用慈善捐助作为稳健性检验。在未来研究中，可以根据新时期国家对企业社会责任的新要求，构建更加科学合理的企业社会责任评价指标体系，然后在此基础上进行实证检验。

（3）运用心理学和伦理学相关知识，继续深入分析高管个人经历对价值观形成、决策行为产生具体作用，深入研究个人经历对企业社会责任的影响。

（4）关于本书的政策建议，未来可以进一步分析国内外关于相关问题的理论与实践经验，形成典型案例，为研究结果应用的可操作性提供借鉴。

参 考 文 献

［1］才国伟，邵志浩，徐信忠．企业和媒体存在合谋行为吗？——来自中国上市公司媒体报道的间接证据［J］．管理世界，2015（7）：158 – 169．

［2］陈丽蓉，韩彬，杨兴龙．企业社会责任与高管变更交互影响研究［J］．会计研究，2015（8）：56 – 61．

［3］崔秀梅，刘静．市场化进程、最终控制人性质与企业社会责任——来自沪市上市公司的经验证据［J］．软科学，2009，23（1）：30 – 37．

［4］邓丽明，郭晓虹．高管价值观影响企业社会责任行为的理论和实证研究［J］．江西社会科学，2012（8）：236 – 241．

［5］冯臻．影响企业社会责任行为的路径：基于高层管理者的研究［D］．复旦大学博士学位论文，2010．

［6］高勇强，何晓斌，李路路．民营企业家社会身份、经济条件与企业慈善捐助［J］．经济研究，2011（12）：111 – 116．

［7］黄雷，张瑛，叶勇．媒体报道、法律环境与社会责任信息披露［J］．贵州财经大学学报，2016（5）：71 – 75．

［8］贾明，张喆．高管的政治关联影响公司慈善行为吗？［J］．管理世界，2010（4）：99 – 113．

［9］姜付秀，黄继承．经理激励、负债与企业价值［J］．经济研究，2011（5）：46 – 59．

［10］姜雨峰．外部压力、伦理型领导与企业社会责任关系研究［D］．

吉林大学博士论文，2015.

[11] 鞠龙克. 从企业家精神看企业的社会责任 [J]. 社会科学家，2012（6）：60 – 66.

[12] 李培功，沈艺峰. 媒体公司治理作用：中国的经验证据 [J]. 经济研究，2010（4）：14 – 27.

[13] 李婷，朱熊兆. 早期经历影响个体成年后行为的表现遗传学机制 [J]. 心理科学进展，2009，17（6）：1274 – 1280.

[14] 刘青松，肖星. 败也业绩，成也业绩——国企高管变更的实证研究 [J]. 管理世界，2015（3）：151 – 163.

[15] 刘斯琪. 高管从军经历对其私有收益影响的研究 [D]. 东北财经大学硕士论文，2016.

[16] 刘凤军，李敬强，李辉. 企业社会责任与品牌影响力关系的实证研究 [J]. 中国软科学，2012（1）：116 – 121.

[17] 莫申江，王重鸣. 国外伦理型领导研究前沿探析 [J]. 外国经济与管理，2010，30（2）：32 – 37.

[18] 彭钰，陈红强. 内部控制、市场化进程与企业社会责任 [J]. 现代财经，2015（6）：43 – 51.

[19] 苏然. CEO 背景特征、CEO 薪酬与企业自愿性社会责任 [J]. 现代财经，2016（11）：76 – 83.

[20] 沈阳. 高层管理者与企业社会责任的探讨——来自上市公司的经验数据 [J]. 管理观察，2013（12）：9 – 14.

[21] 田雪莹，蔡宁. 企业慈善捐助的前因变量与组织绩效研究 [J]. 重庆大学学报，2012，18（5）：49 – 54.

[22] 田虹，姜雨峰. 企业社会责任履行的动力机制研究 [J]. 审计与经济研究，2014（6）：65 – 74.

[23] 谭瑾，罗正英. 高管变更、竞争战略与企业社会责任 [J]. 山西财经大学学报，2017，39（5）：82 – 87.

[24] 王波，叶勇，李明. 媒体的公司治理作用研究述评与未来展望 [J]. 华东经济管理，2014（10）：142 – 146.

［25］王波，吴倩，叶勇．媒体关注、市场化进程与企业社会责任履行——基于中国 A 股上市公司经验证据［J］．现代经济探讨，2017（7）：30－36．

［26］王宝英．基于博弈论的企业社会责任研究［J］．中北大学学报（社会科学版），2011，27（5）：60－63．

［27］王士红．所有权性质、高管背景特征与企业社会责任披露［J］．会计研究，2016（11）：53－61．

［28］王端旭，潘奇．企业慈善捐助带来价值回报吗？以利益相关者满足程度为调节变量的实证研究［J］．中国工业经济，2011（7）：118－121．

［29］王晓毅，张浩，占少华．发展中的贫困与贫困影响评价［J］．国家行政学院学报，2015（1）：79－83．

［30］王艳萍．贫困内涵及其测量方法新探索［J］．内蒙古财经学院学报，2006（2）：13－15．

［31］汪凤桂，戴朝旭．企业社会责任与企业声誉关系研究综述［J］．科技管理研究，2012（21）：238－242．

［32］伍香平．童年体验的追忆与童年的本质及其消失［J］．当前教育研究，2011（8）：28－31．

［33］吴琼，施建军．构建企业管理者非权力性影响力的层次模型［J］．现代管理科学，2009（5）：3－6．

［34］肖海林，薛琼．公司治理、企业社会责任和企业绩效［J］．财经问题研究，2014（12）：91－97．

［35］许年行，李哲．高管贫困经历与企业慈善捐赠［J］．经济研究，2016（12）：133－140．

［36］杨俊杰，曹国华．CEO 声誉、盈余管理与投资效率［J］．软科学，2016，30（11）：71－77．

［37］杨国涛，周慧洁，李芸霞．贫困概念的内涵、演进与发展综述［J］．宁夏大学学报（人文社会科学版），2012，34（6）：139－145．

［38］叶勇，李明，黄雷．法律环境、媒体监督与代理成本［J］．证

券市场导报，2013（9）：47－53.

［39］衣凤鹏，徐二明．高管政治关联与企业社会责任——基于中国上市公司实证研究［J］. 经济与管理研究，2014（5）：5－11.

［40］张川，娄祝坤，詹丹碧．政治关联、财务绩效与企业社会责任［J］. 管理评论，2014，26（1）：131－137.

［41］章辉美，邓子纲．基于政府、企业、社会三方动态博弈的企业社会责任分析［J］. 系统工程，2011，29（6）：123－126.

［42］郑冠群，宋林，郝渊晓．高管层特征、策略性行为与企业社会责任信息披露质量［J］. 经济经纬，2015，32（2）：111－117.

［43］曾俭兰．高管早期经历与公司债务保守行为的研究［D］. 南昌大学硕士论文，2016.

［44］周祖城．论企业伦理责任在企业社会责任中的核心地位［J］. 管理学报，2014，11（11）：1663－1670.

［45］章元，万广华，史清华．暂时性贫困与慢性贫困的度量、分解和决定性因素分析［J］. 经济研究，2013（4）：119－123.

［46］Adams R B, Ferreira D. Women in the Boardroom and Their Impact on Governance and Performance［J］. Journal of Financial Economics, 2009, 94（2）：291－309.

［47］Aguinis H, Glavas A. What We Know and Don't Know About Corporate Social Responsibility a Review and Research Agenda［J］. Journal of Management, 2012, 38（4）：932－968.

［48］Albareda L. CSR Governance Innovation：Standard Competition Collaboration Dynamic［J］. Corporate Governance, 2013, 13（5）：551－568.

［49］Almeida H, Canmello. The Cash Flow Sensitivity of Cash［J］. Journal of Finance, 2004（59）：1777－1804.

［50］Bantel K, Jakson S. Top Management and Innovation in Banking：Does the Composition of the Top Team Making a Difference？［J］. Strategic Management Journal, 1989（10）：107－124.

［51］Banyte J, Brazioniene L, Gadeikiene A. Expression of Green Marketing Developing the Coception of Corporate Social Responsibility [J]. Engineering Economics, 2015, 21 (5): 550 – 560.

[52] Batson J., J. K. Slingsby. Empathic Joy and the Empathy Altruism Hypothesis [J]. Journal of Personality and Social Psychology, 1991, 61 (4): 13 – 26.

[53] Benson. What Determines Success? Examining The Human, Financial and Social Capital of Jamaican Microentrepreneurs [J]. Journal of Business Venturing, 1998 (13): 371 – 394.

[54] Benmelech E., and C. Frydman. Military CEOs [J]. Journal of Financial Economics, 2015 (117): 43 – 59.

[55] Bert Scholtens. A Note on the Interaction Between Corporate Social Responsibility and Financial Performance [J]. Ecological Economics, 2008 (68): 46 – 55.

[56] Brammer S, Jackson G, Matten D. Corporate Social Responsibility and Institutional Theory: New Perspectives on Private Governance [J]. Socio – Economic Review, 2012, 10 (1): 3 – 28.

[57] Campell, J. L. Why Would Corporations Behave in Society Responsible Ways? An Institutional Theory of Corporate Social Responsibility [J]. The Academy of Management Review, 2007, 32 (3): 946 – 967.

[58] Carpenter, Fredrickson. Top Management Teams, Global Strategic Posture, and the Moderating Role of Uncertainty [J]. Academy of Management Journal, 2001, 44 (3): 533 – 545.

[59] Carroll, Archie. A Three Dimensional Conceptual Model of Corporate Performance [J]. The Academy of Management Review, 1979, 4 (4): 497 – 505.

[60] Carroll, Archie. The Pyramid of Corporate Social Responsibility: Toward the Moral Management of Organizational Stakeholders [J]. Business Horizons, 1991, 34 (4): 39 – 48.

[61] Chris Mason, John Simmons. Embedding Corporate Social Responsi-

bility in Corporate Governance: A Stakeholder Systems Approach [J]. Journal of Business Ethics, 2014 (199): 77 - 86.

[62] Deakin S., A. Hughs. Comparative Corporate Governance: An Interdisciplinary Agenda [J]. Journal of Low and Society, 1997, 24 (24): 1 - 9.

[63] Deckop, J., Merriman, K., Gupta, S. The Effects of CEO Pay Structure on Corporate Social Performance [J]. Journal of Management, 2006, 32 (3): 329 - 342.

[64] Dyck A., Volchkova N., Zinglaes L. The Corporate Governance Role of The Media: Evidence From Russia [J]. Journal of Finance, 2008, 63 (3): 1093 - 1136.

[65] Elder, G., C. Gimbel. Turning Points in Life: The Case of Military Service and War [J]. Military Psychology, 1991 (3): 215 - 231.

[66] Enikolopov, R., Petrova, M., Zhuravskaya, E. Media and Political Persuasion: Evidence From Russia [J]. American Economic Review, 2011, 101 (7): 3253 - 3285.

[67] Faccio, M. Politically Connected Firms [J]. American Economic Review, 2007 (1): 369 - 386.

[68] Fan, J. P., Wong, T. J., Zhang, T. Y. Politically Connected CEOs, Corporate Governance and Post IPO Performance of China Newly Partially Privatized Firms [J]. Journal of Financial Economics, 2007, 84 (2): 330 - 357.

[69] Fernandez, Romero. Does Board Gender Composition Affect Corporate Social Responsibility Reporting? [J]. International Journal of Business and Social Science, 2012, 3 (1): 31 - 38.

[70] Fisman R. Estimating the Value of Political Connections [J]. American Economic Review, 2001 (91): 1095 - 1102.

[71] Friedman, M. The Social Responsibility is to Increase its Profits [J]. The New York Times Magazine, 1970 (13): 32 - 33.

[72] Giacomo Degli Antoni, Lorenzo Sacconi. Social Responsibility, Ac-

tivism and Boycotting in a Firm Stakeholders Network of Games with Players Conformist Preferences [J]. The Journal of Socio – Econmics, 2013 (45): 216 – 226.

[73] Gill, A. Corporate Governance as Social Responsibility: A Research Agenda [J]. Journal of International Law, 2008, 26 (5): 452 – 478.

[74] Graham, J. , Harvey, and M. Puri. Capital Allocation and Delegation of Decision Making Authority Within Firms [J]. Journal of Financial Economics, 2015 (115): 449 – 470.

[75] Green T, Peloza J. How Did the Recession Change the Communication of Corporate Social Responsibility Activities? [J]. Long Range Planning, 2015, 48 (2): 108 – 122.

[76] Gu H, Ryan C, Li B. Political Connections, Guanxi and Adoption of CSR Policies in the Chinese Hotel Industry: Is There a Link? [J]. Tourism Management, 2013 (34): 231 – 235.

[77] Hahn, A. , B. Gawronski. Implicit Social Cognition [J]. International Encyclopedia of the Social and Behavioral Sciences, 2015 (17): 714 – 720.

[78] Hall. A Framework Linking Intangible Resources and Capabilities to Sustainable Competitive Advantage [J]. Strategic Management Journal, 1993, 14 (8): 607 – 618.

[79] Hambrick, D. C. , Mason, P. A. Upper Echelons: The Organization as a Reflection of its Top Managers [J]. Academy of Management Review, 1984, 9 (2): 193 – 206.

[80] Harjoto, I. Laksmana, R. Lee. Board Diversity and Corporate Social Responsibility [J]. Journal of Business Ethics, 2015, 132 (4): 641 – 660.

[81] Healy, P. M. The Effect of Bonus Schemes on Accounting Decisions [J]. Journal of Accounting and Economics, 1985, 7 (1): 18 – 21.

[82] Hofstede. The Cultural Relativity of the Quality of Life Concept [J]. Academy of Management Review, 1984 (7): 389 – 398.

［83］ Hopkins M. What is Corporate Social Responsibility All About? ［J］. Journal of Public Affairs, 2006, 6 (34): 298 – 306.

［84］ Hulme, D. , A. Shepherd. Conceptualizing Chronic Poverty ［J］. World Development, 2003, 31 (3): 403 – 423.

［85］ Ingram, R. W. An Investigation of the Information Content of Social Responsibility Disclosures ［J］. Journal of Accounting Research, 1978, 16 (2): 270 – 285.

［86］ Jastram S, Prescher J. Legitimizing Corporate Social Responsibility Governance ［M］. Corporate Social Responsibility Governance. Springer International Publishing, 2015: 39 – 61.

［87］ Jennifer, . Allen, Shivaram. CEO Reputation and Earnings Quality ［J］. Contemporary Accounting Research, 2008, 25 (1): 109 – 147.

［88］ Jensen, M. , Meckling, W. Theory of the Firm: Managerial Behavior, Agency Costs and Ownership Structure ［J］. Journal of Financial Economics, 1976 (3): 305 – 360.

［89］ Jingoo Kang, Y. Han Kim. The Impact of Media on Corporate Social Responsibility ［R］. Pennsylvania: University of Pennsylvania, 2013.

［90］ Joe, J. , H. Louis, and D. Robinson. Managers and Investors Responses to Media Exposure of Board Ineffectiveness ［J］. Journal of Financial and Quantitative Analysis, 2009, 44 (3): 579 – 605.

［91］ Johnson S. , Mitton T. Cronyism and Capital Controls: Evidence From Malaysia ［J］. Journal of Financial Economics, 2003 (67): 351 – 382.

［92］ Kaufmann F, Simons C. Corporate Social Responsibility in Mozambique ［M］. Corporate Social Responsibility in Sub – Saharan Africa. Springer International Publishing, 2016: 31 – 50.

［93］ Kraft, K. Hage, J. Strategy, Corporate Social Responsibility and Implementation ［J］. Journal of Business Ethics, 1990, 9 (1): 11 – 19.

［94］ Krishna U. Corporate Social Responsibility and Firm Size ［J］. Journal of Business Ethics, 2008 (83): 167 – 175.

[95] Kuhnen C, Niessen A. Is Executive Compensation Shaped by Public Attitudes? [R]. Evanston: Northwestern University, 2009.

[96] La Porta, R. L. , Shleifer, F. A. , Vishny, R. Corporate Ownership Around the World [J]. The Journal of Finance, 1999 (54): 471 – 517.

[97] La Porta, R. L. , Shleifer, F. A. , Vishny, R. Investor Protection and Corporate Valuation [J]. The Journal of Finance, 2002 (57): 1147 – 1170.

[98] Lee, M. P. Configuration of External Influences: The Combined Effects of Institutions and Stakeholders on Corporate Social Responsibility Strategies [J]. Journal of Business Ethics, 2011, 102 (2): 281 – 298.

[99] Lopez B, Fornes G. Corporate Social Responsibility in Emerging Markets: Case Study of Spanish MNCs in Latin America [J]. European Business Review, 2015, 27 (2): 214 – 230.

[100] Low P K C, Ang S L. Confucian Ethics, Governance and Corporate Social Responsibility Governance [J]. International Journal of Business and Management, 2013, 8 (4): 30.

[101] Lu, C. , Lin, C. The Effects on Ethical Leadership an Ethical Climate on Employee Ethical Behavior in the International Port Context [J]. Journal of Business Ethics, 2014, 124 (2): 209 – 223.

[102] Malmendier, U. , Tate. Overconfidence and Early life Experiences: The Effect of Managerial Traits on Corporate Financial Policies [J]. Journal of Finance, 2011 (66): 1687 – 1733.

[103] Manner M H. The Impact of CEO Characteristics on Corporate Social Performance [J]. Journal of Business Ethics, 2010 (93): 53 – 72.

[104] McGuire J. , Dow S.. CEO Incentives and Corporate Social Performance [J]. Journal of Business Ethics, 2003, 45 (4): 112 – 117.

[105] McWilliams, Siegel, D. Corporate Social Responsibility: A Theory of the Firm Perspective [J]. Academy of Management Review, 2001, 26 (1): 117 – 127.

[106] McWilliams, Siegel, D. Corporate Social Responsibility: Strategic Implication [J]. Journal of Management Studies, 2006, 43 (1): 1 – 18.

[107] Michael Etter. Reasons For Low Levels of Interactivity Interactive CSR Communication in Twitter [J]. Public Relations Review, 2013 (39): 606 – 608.

[108] Miller. Psychological and Traditional Determinants of Structure [J]. Administrative Science Quarterly, 1986 (31): 539 – 560.

[109] Mohr, L. A., Webb, D. J. The Effects of Corporate Social Responsibility and Price on Consumer Responses [J]. Journal of Consumer Affairs, 2005, 39 (1): 121 – 147.

[110] Moon, J., and X. Shen. CSR in China Research: Salience, Focus and Nature [J]. Journal of Business Ethics, 2010, 94 (4): 613 – 629.

[111] Muller, A., Kraussl, R. Doing Good Deeds in Times of Need: A Strategic Perspective on Corporate Disaster Donations [J]. Strategic Management Journal, 2011, 32 (9): 911 – 929.

[112] Muller, D., Judd, C. M. Whin Moderation is Mediated and Mediation is Moderated [J]. Journnal of Personality and Social Psychology, 2005, 89 (6): 852 – 863.

[113] Nam Y. Institutional Network Structure of Corporate Stakeholders Regarding Global Corporate Social Responsibility Issues [J]. Quality and Quantity, 2015, 49 (3): 1063 – 1080.

[114] Neves, P., Story, J. Ethical Leadership and Reputation: Combined Indirect Effects on Organizational Deviance [J]. Journal of Business Ethics, 2015, 127 (1): 165 – 176.

[115] Okoye N, Nwaigwe L C. Corporate Social Responsibility of Business [J]. European Journal of Business and Management, 2015, 7 (9): 20 – 27.

[116] Oh. Y., Chang Y K, Cheng Z. When CEO Career Horizon Problems Matter for Corporate Social Responsibility: The Moderating Roles of Industry Level Discretion and Block holder Ownership [J]. Journal of Business Eth-

ics, 2016, 133 (2): 279 – 291.

[117] Orlitzky, M., Schmidt, F., Rynes, L. Corporate Social and Financial Performance: A meta Analysis [J]. Organization Studies, 2003, 24 (23): 203 – 241.

[118] Porter, M. E., van der Linde, C. Green and Competitive: Ending the Stalemate [J]. Harvard Business Review, 1995, 73 (5): 120 – 134.

[119] Peloza J, Ye C, Montford W J. When Companies Do Good, Are Their Products Good for You? How Corporate Social Responsibility Create a Health Halo [J]. Journal of Public Policy and Marketing, 2015, 34 (1): 19 – 31.

[120] Pless, N. M., Maak, T. Responsible Leadership: Pathways to the Future [J]. Journal of Business Ethics, 2011, 98 (1): 3 – 13.

[121] Porter, M. E. Strategy and the Internet [J]. Harvard Business Review, 2001, 79 (3): 62 – 78.

[122] Porter, M. E, Kramer, M. R. Strategy and Society: The Link Between Competitive Advantage and Corporate Social Responsibility [J]. Harvard Business Review, 2006 (12): 36 – 37.

[123] Ponzi L J, Fombrun C J, Gardberg N A. RepTrak Pulse: Conceptualizing and Validating a Short Form Measure of Corporate Reputation [J]. Corporate Reputation Review, 2011, 14 (1): 15 – 35.

[124] Qu, R. Effects of Government Regulations, Market Orientation and Ownership Structure on Corporate Social Responsibility in China: An Empirical Study [J]. International Journal of Management, 2007, 24 (3): 582 – 591.

[125] Rao K, Tilt C. Board Composition and Corporate Social Responsibility: The Role of Diversity, Gender, Strategy and Decision Making [J]. Journal of Business Ethics, 2015 (4): 1 – 21.

[126] Rashid, M., Ibrahim, S. Executive and Management Attitudes Towards Corporate Social Responsibility in Malaysia [J]. The International Journal of Effective Board Performance, 2002, 2 (4): 10 – 16.

[127] Renneboog L, Zhao Y. Us Knows Us in the UK: On Director Networks and CEO Compensation [J]. Journal of Corporate Finance, 2011, 17 (4): 1132 - 1157.

[128] Reuber, R. Fisher, E. The Influnce of the Management Teams International Experience on the Internationalization Behaviors of SMEs [J]. Journal of International Business, 1997 (28): 807 - 825.

[129] Roberts P, Dowling G, Corporate Reputation and Sustained Superior Financial Performance [J]. Strategic Management Journal, 2002, 23 (12): 1077 - 1093.

[130] Roberts, R. Determinants of Corporate Social Responsibility Disclosure: An Application of Stakeholder Theory [J]. Accounting, Organization and Society, 1992, 17 (6): 595 - 612.

[131] Sanders, W. G. , Carpenter, M. A. Internationalization and Firm Governance: The Role of CEO Compensation, Top Team Composition, and Board Structure [J]. Academy of Management Journal, 1998 (41): 158 - 178.

[132] Schein, E. H. Organizational Culture and Leadership [M]. San Francisco: Jossey Bass, 1992.

[133] Scholtens, B. Finance as a Driver of Corporate Social Responsibility [J]. Journal of Business Ethics, 2006, 68 (1): 19 - 33.

[134] Sen, S. , Korschun, D. The Role of Corporate Social Responsibility in Strengthening Multiple Stakeholder Relationships: A Field Experiment [J]. Journal of the Academy of Marketing science, 2006, 34 (2): 158 - 166.

[135] Shafer, W. E. Ethical Climate, Social Responsibility, and Earnings Management [J]. Journal of Business Ethics, 2015, 126 (1): 43 - 60.

[136] Shipilov, W Danis. TMG Social Capital, Strategic Choice and Firm Performance [J]. European Management Journal, 2006, 24 (1) 16 - 27.

[137] Siegel, D. S. , Vitaliano, D. F. An Empirical Analysis of the Strategic Use of Corporate Social Responsibility [J]. Journal of Economics and Man-

agement Strategy, 2007, 16 (3): 773 - 792.

[138] Simpson, D. Institutional Pressure and Waste Reduction: The Role of Investments in Waste Reduction Resources [J]. International Journal of Production Economics, 2012, 139 (1): 330 - 339.

[139] Slater, D. , Dixon Fowler, H. CEO International Assignment Experience and Corporate Social Performance [J]. Journal of Business Ethics, 2009, 89 (3): 473 - 489.

[140] Steven. Cahan, Chen Chen. Nguyen. Corporte Social Responsibility and Media Coverage [J]. Journal of Banking and Finance, 2015 (59): 19 - 27.

[141] Thomas, A. , Simerly, R. The Chief Executive Officer and Corporate Social Responsibility: An Interdisciplinary Examination [J]. Journal of Business Ethics, 1994, 13 (12): 959 - 968.

[142] Torres A, Bijmolt T H A. Generating Global Brand Equity Through Corporate Social Responsibility to Key Stakeholders [J]. International Journal of Research in Marketing, 2012, 29 (1): 13 - 24.

[143] Tumasjan, A. , Strobel, M. , Weple, I. Ethical Leadership Evaluations after Moral Transgression: Social Distance Makes the Difference [J]. Journal of Business Ethics, 2011, 99 (4): 609 - 622.

[144] Vilanova, M. , Lozano, J. M. , Arenas, D. Exploring the Nature of the Relationship Between CSR and Competitiveness [J]. Journal of Business Ethics, 2009, 87 (2): 57 - 69.

[145] Wang H. , Qian C. Corporate Philanthropy and Corporate Financial Performance: The Roles of Stakeholder Response and Political Access [J]. Academy of Management Journal, 2011, 54 (6): 101 - 112.

[146] Wang, H. Factor Analysis of Corporate Environmental Responsibility: From the Stakeholder Theory Perspective [J]. Environmental, Development and Sustainability, 2010, 12 (3): 481 - 490.

[147] Waddock, Graves. The Corporate Social Performance [J]. Strate-

gic Management Journal, 1997, 8 (4): 303 - 319.

[148] Wolf, J. The Relationship Between Sustainable Supply Chain Management, Stakeholder Pressure and Corporate Sustainability Performance [J]. Journal of Business Ethics, 2014, 119 (3): 317 - 328.

[149] Wood, D. J. Social Issuses in Management: Theory and Research in Corporate Social Performance [J]. Journal of Management, 1991, 17 (2): 383 - 384.

[150] Wu, L., Kwan, H. K., Yim, F. H. CEO Ethical Leadership and Corporate Social Responsibility: A Moderated Mediation Model [J]. Journal of Business Ethics, 2014, 18 (2): 283 - 284.

[151] Xiao Z., Tsui A. When Brokers May not Work: The Cultural Contingency of Social Capital in Chinese High Tech Firms [J]. Administrative Science Quarterly, 2007, 52 (1): 78 - 86.

[152] Yang, C. Does Ethical Leadership Lead to Happy Workers? A Study on the Impact of Ethical Leadership, Subjective Well - Being, and Life Happiness in the Chinese Culture [J]. Journal of Business Ethics, 2014, 123 (3): 513 - 525.

[153] Zyglidopoulos. S C, A P. Georgiadis. Does Media Attention Drive Corporate Social Responsibility? [J]. Journal of Business Research, 2012, 65 (11): 1622 - 1627.

后　记

　　企业社会责任相关理论的研究是近几年学术界研究的重点，也是我博士阶段的研究重点和科研工作中的主要研究方向。本书是在我的博士论文基础上拓展而成，也是近期相关研究成果的总结与凝练。

　　回首往昔不知有多少个日日夜夜这样度过。面对尽力完成的专著，心情非常复杂而又充满着一些异样的情愫：一点酸楚、一点激动、一点感激。本书既是我攻读博士期间研究成果的凝练，又是我近五年坚持企业社会责任相关理论研究的成果总结与展示，对研究方向的执着一直激励我不断前行，也验证了那句话：一份付出、就有一份回报。借此机会，我要特别向近年来一直关心、支持、帮助我的老师、领导、家人和同事致以最诚挚的感恩之情。

　　我要特别感谢两位恩师张强教授和叶勇教授。张强教授是我硕士阶段的导师，他宽广的胸怀、非凡的气度，他的宽容与仁爱让学生感觉到无上的福分。叶勇教授是我博士阶段的导师，治学严谨、知识渊博，他是学生心中的楷模，他的宽容与责任心永远是学生学习的榜样。二位恩师的教诲将伴随我一生。

　　我要特别感谢西南科技大学土木工程与建筑学院的领导，你们的大力支持与鼓励让我坚持科学研究和坚持学业，你们的关心和帮助让我不断追求进步与寻求突破。感谢你们。

　　我要特别感谢工作期间和学习期间的同事和老师，你们的谆谆教诲，让我明白了应该成为一个什么样的人，你们对教育事业的追求、对人生的态度将是我一生的财富，真诚地感谢你们。

我要感谢我的家人，是家人的理解与支持才使我安心工作、静心读书，坚持科研与写作，坚持不懈。尤其要感谢我的女儿和儿子，你们的到来给我们家带来了无尽的幸福和快乐，你们的天真和可爱，才让我体会到再累都不觉得辛苦的幸福！感谢家人，有你们，才是我真正努力奋斗的动力！

此时此刻，我很想念我的父亲！子欲养而亲不待！您忍受病痛折磨，还惦记着儿子的学习与成长，如今儿子已博士毕业拿到学位，您已无法见证这一时刻！儿子愿与您老共享幸福与欢乐，希望您在天堂能有感知！

今后，努力工作、踏实做人！善待自己、善待他人！保持一颗感恩的心！

谨以此书献给帮助过我的所有人。

王波

2018 年 7 月